Casas encantadas

Pedro Palao Pons

Casas encantadas

Licencia editorial para Bookspan por
cortesía de Ediciones Robinbook, S.L.

Bookspan
501 Franklin Avenue
Garden City, N.Y. 11530

© 2001, Ediciones Robinbook, s. l.
    Apdo. 94085 - 08080 Barcelona.
Diseño cubierta: Regina Richling.
Fotografía: Regina Richling.
ISBN: 84-7927-533-2.

Impreso en U.S.A. - *Printed in U.S.A.*

INTRODUCCIÓN

Mucho ha pasado desde aquellos lejanos tiempos en los que nos reuníamos temerosos al abrigo de las humedecidas paredes de una gruta y en torno al siempre reconfortante fuego de la hoguera sagrada. En aquellos tiempos, nuestros demonios estaban fuera, en la noche, en la siempre terrible e inescrutable oscuridad que caía implacable y desafiante a la puesta de cada sol. Dentro, en el calor de los aromas, de la compañía, de los gruñidos de los otros miembros del clan y bajo la calidez de algún que otro trozo de piel de animal, éramos felices.

Hoy, cuando llegamos a nuestras casas (las nuevas grutas organizadas por plantas o adosadas), nos recibe una temperatura ambiente que previamente hemos programado permitiéndonos alterar las estaciones a conveniencia. Los demonios ya no están fuera porque los llevamos con nosotros albergados en los miedos, dudas, desesperanzas y odios que portamos tras una larga jornada de tensión laboral, afectiva o social. Hemos sustituido el sagrado fuego que nos unía en compañerismo y protección por la semidivina pantalla de televisión de plasma que aglutina personas y diverge esencias. Las batallas de la caza, las anécdotas del hallazgo de nuevos útiles o frutas han sido traducidas en un diálogo virtual mediante los chats de internet. Allí todos, bajo falaces personalidades seductoras, contamos cientos de nuevas hazañas sobre el nuevo poder que nos alimenta: el estatus económico que poseemos en la sociedad.

Sí, ciertamente, han pasado miles de años desde que abandonamos la cueva para sustituirla por una casa, pero las cosas no son tan diferentes. Cueva o casa, la vivienda sigue siendo un santuario, un lugar propio que nos separa del resto del planeta. Es aquel reducto sagrado en el que vivimos, pensamos, amamos y creamos. Para algunos se trata de un castillo que, como bastión inexpugnable del pequeño resto de la intimidad que aún queda, debe ser protegido a cal y canto de visitas inoportunas e injerencias telefónicas a horas intempestivas. Otras personas hacen de su vivienda aquella gran plaza de mercado medieval libre y abierta en la que bulle una frenética actividad que viene protagonizada por la entrada y salida de nuevas personas con sus ideas, proyectos, ilusiones, fantasías y problemas. Por supuesto, también hay casas de clausura, donde el silencio es el rey, donde el diálogo se escribe con letras de sangre y en las que los problemas se disimulan tras una sonrisa en el mejor de los casos o a través de una paliza como norma cotidiana.

Somos humanos, y como tales tenemos una ascendencia rectilínea que se identifica con el líder, con los instintos primarios y la necesidad de la procreación. Pero también poseemos un componente mamífero que nos permite la sensibilidad de los aromas, los sabores y las texturas. Ahora bien, como decíamos al principio, somos humanos y, aunque para muchas personas la ausencia de pelo en todo el cuerpo sea la única diferencia notable hacia nuestros hermanos los simios, poseemos una singularidad: a nuestro alrededor se mueven, oscilan y se manifiestan energías que podemos crear, alterar o padecer.

Hemos dejado la cueva para asentarnos en las casas, pero las esencias, los fluidos, la energía y lo invisible han seguido caminando junto a nosotros. Hemos tecnificado nuestros hogares, pero seguimos teniendo pensamientos, miedos e ilusiones que generan vida a nuestro alrededor.

Hemos instalado puertas blindadas de seguridad, alarmas detectoras de incendios, dobles ventanas de carpintería de aluminio, pero las entidades invisibles siguen estando ahí. En ocasiones las comprendemos, las escuchamos, las regulamos y hasta convivimos en armonía con ellas. Sin embargo, la mayor parte de las veces lo único que hacemos es omitir su naturaleza y como consecuencia empeorar nuestra calidad de vida.

Decoraciones y ubicaciones al margen, algunas casas parecen tener un duende interno. Es como si hubiese una criatura protectora que se encargara de que todo funcione en armonía. Otras viviendas, por el contrario, son nefastas. Generan malestar, ansiedad y todo tipo de disputas. Y es que, sin duda, hay casas «malditas», «encantadas» y, cómo no, «encantadoras».

¿Qué hace que un hogar sea un remanso de paz o un lugar turbulento? ¿Por qué en algunos domicilios a los cinco minutos todo el mundo se siente incómodo? ¿Cuál es el motivo de que algunas viviendas provoquen sueño, cansancio o dolor de cabeza? ¿Qué justificación podemos encontrar para que una casa, aun siendo pequeña, desordenada y oscura, nos atraiga tanto como para no desear salir jamás de ella? Y ahondando mucho más en todo ello, deberíamos preguntarnos también por esos otros fenómenos que suceden en más lugares de los que se reconoce: ruidos a altas horas de la noche, manchas inexplicables en los suelos, imágenes vaporosas en sus pasillos, efectos luminosos de difícil justificación...

Desde que por primera vez Plinio el Joven se refirió a la existencia de entidades perturbadoras en una casa hasta que acontecieron los fabulosos hechos de manifestación espiritual en la casa de las hermanas Fox, pasaron muchos años. Lo cierto es que allí donde ha estado el ser humano, ya sea choza, casa, palacio o templo, en ocasiones han sucedido fenómenos que nadie ha podido explicar. Sólo quedaba la hipótesis de la intervención de las fuerzas divinas, demoníacas o del más allá.

En la actualidad, el fenómeno de las casas encantadas sigue estando vigente. La ciencia admite que hay «cosas» que no se pueden medir, pesar o cuantificar. La física cuántica se esfuerza día a día en descifrar el enigma de porciones cada vez más diminutas y que, al parecer, poseerían una cierta inteligencia. La moderna psicología acepta que, patologías al margen, existen personas que tienen cierta sensibilidad que las diferencia del resto. Se trata de individuos con capacidad para detectar energías sutiles, para oírlas y hasta para comprenderlas. Los expertos en radiestesia nos recuerdan que es factible hallar puntos oscuros y alterados telúricamente en un domicilio. Y, por su parte, la ancestral ciencia del Feng Shui reitera una vez más su protagonismo y su papel preponderante a la hora de «interpretar» las señales invisibles de la tierra.

Hoy ya nadie acepta dejar toda la responsabilidad de unos fenómenos inexplicables en manos de esas entidades divinas o demoníacas del más allá. Hoy sabemos que la magia que rodea o habita una casa puede ser modificada. En ocasiones mediante antiguos y complejos rituales y la mayoría de las veces con un poco de buena disposición.

Sabemos que la ubicación de unos muebles o la distribución de las habitaciones cambiará la energía del hogar. Conocemos y empezamos a comprender la energía insondable que todos llevamos dentro y que puede manifestarse en cualquier momento y detonar tras un gran disgusto o un placentero acto sexual. Entendemos que algunas personas son portadoras de negatividad y que ese «gafe» ya no es sólo una cuestión de mala suerte, sino de la energía que destilan. Comprendemos que los planos de energía tienen nombres y frecuencia, que pueden alterarse, cambiarse y hasta destruirse de forma casi definitiva.

En resumen, actualmente ya no podemos hablar de casas encantadas y quedarnos tan anchos diciendo que es una cuestión fantasmal o de mala suerte. Hay algo más, hay otros sistemas de comprender el fenómeno y de sobrellevarlo.

Ciertamente, éste es un libro sobre las casas encantadas, pero para empezar debemos replantearnos las terminologías que nos hacen medir los hechos por un mismo rasero. No, no se trata de anular la historia ni tampoco de restringir o eliminar conceptos históricos, sino de clarificarlos. Desde luego, no iremos a cazar fantasmas. Nuestra andadura es otra.

A través de estas páginas buscaremos la forma de comprender mucho mejor la magia que encierran los recintos. Entenderemos mejor por qué algunos lugares son sagrados y otros profanos. Veremos de qué manera se ha manifestado la energía a lo largo de la historia. Sabremos que hay una dualidad vibracional que en ocasiones viene provocada por el morador de un domicilio. Descubriremos la manera de hacer de nuestro hogar un espacio para el deleite y la paz. Profundizaremos en aquellos fenómenos denominados *poltergeist* y aprenderemos a enfrentarnos a ellos. Recurriremos a remedios ancestrales que desde siempre se han utilizado para proteger y cuidar los entornos. En definitiva, intentaremos descubrir el secreto para poder vivir o convivir mejor.

A modo de colofón quisiera realizar una advertencia. Como éste es un libro práctico, no podemos ni debemos dejar de lado en ningún momento el concepto «acción». A lo largo de los años he conocido muchas personas que se conformaban con lo que estaba establecido y se dejaban acunar por sus miedos e inseguridades, optando así por asumir un fenómeno sin hacer nada por modificarlo. De la misma forma, otro tipo de personas prefería seguir a rajatabla aquello que se les había indicado o que habían leído, aunque no les fuese bien, antes que dudar y encontrar solución. Y hago estas reflexiones porque cuando hablamos de manifestaciones energéticas, de intervenciones de la psique humana y de los fenómenos externos y ajenos, la metodología es una, pero el paso a paso, el proceso, en ocasiones es otro.

Desde luego, las indicaciones y los ejercicios prácticos que se incluyen en este libro han sido testados y evaluados con anterioridad. Alguno de ellos ha sido puesto en práctica por cientos de personas, pero ello no es garantía de que puedan servir para todo el mundo. ¿Qué hacer en esos casos? ¿Abandonar? No, desde luego. Hay que investigar y descubrir formas alternativas para acabar con un mismo resultado. Por eso la disposición, la paciencia y la voluntad, que no la fe, suelen ser tan importantes a la hora de enfrentarnos con estos fenómenos. Quien no tiene fuerza, ni ganas, ni valor, como veremos, genera un campo energético que difícilmente le conduce a un buen camino.

UN POCO DE HISTORIA

«Después de todo, estar como en casa y parecer cómodo en una casa ajena, no es más que ayudar al dueño o dueña de la casa a que tenga feliz éxito con el arte de la hospitalidad.»

LYN YUTANG

«Si te dignas guardarme a tu lado en el camino del peligro y de la osadía, si me permites que comparta contigo los grandes deberes de la vida, conocerás mi verdadero ser.»

RABINDRANATH TAGORE

Cada ser humano posee unas singularidades que le caracterizan como único y exclusivo en el mundo. Podemos ser parecidos, reflejar ciertas costumbres similares, pero todos, en definitiva, somos diferentes. Esta diferenciación nos acompaña dentro de la cultura en que estamos circunscritos, allí donde vamos y, por tanto, también allí donde nos establecemos.

Podemos ser alegres o poseer una naturaleza apática. Quizá nos gusten las formas y el buen orden o tal vez nos encontremos mucho mejor habitando un lugar en el que aparentemente nada tiene su lugar establecido. Podemos pasar de una vivienda donde todo está perfectamente estructurado y distribuido a otra de un único ambiente donde todo forma parte de todo.

Es evidente que estas diferenciaciones han venido marcadas a lo largo de los años no sólo por los tiempos evolutivos del ser humano y por la cultura en la que estaba inmerso, sino también por el carácter y sistema de vida que llevaba. Estos hechos, que para muchos pueden ser triviales, afectan bastante más de lo que nos imaginamos a las energías y vibraciones con las que convivimos y que son, en definitiva, las que hacen factible que una casa acabe siendo un reducto agradable o desagradable.

A lo largo de este capítulo veremos que, si bien prácticamente desde siempre la vivienda o al menos una parte de ella ha sido considerada sagrada, en la actualidad estos conceptos han cambiado bastante. Para muchas personas su casa no es más que el lugar en el que dormirán o se relajarán y disfrutarán de su ocio. Para otros es un territorio de paso entre una actividad mucho más importante, que es la que realizan fuera. Pese a ello, para una minoría que en los países del denominado primer mundo cada vez crece con más fuerza, la casa debe empezar a recuperar protagonismo sagrado en la cotidianidad.

EL CONCEPTO SAGRADO DE LA VIVIENDA

Para poder entender mucho mejor qué es una casa desde el punto de vista esotérico y mágico, tenemos que viajar forzosamente al pasado. Debemos remontarnos miles de años atrás hasta encontrarnos perdidos en la inmensidad de un bosque, un desierto o una montaña. No hay ciudades, no hay casas. Ni siquiera tenemos una choza en la que pasar la noche. Está lloviendo, estamos empapados y tenemos frío. ¿Dónde nos refugiaremos? A lo lejos vemos una gruta en la pared de una montaña. Se trata de una cueva. Cuando entremos en ella, tal vez después de lograr expulsar a un animal que dormita en su interior, habremos alcanzado un refugio, un recinto que será el lugar donde sentirnos seguros. Estaremos al abrigo de los elementos. El agua, el viento frío que la acompaña y los animales de la noche quedarán fuera.

No podemos saber en qué momento el hombre primitivo creó el concepto de lo sagrado y lo diferenció de lo profano. Tampoco podemos saber a ciencia cierta qué sensibilidad tuvieron que poner en marcha nuestros antepasados para darse cuenta de que en una misma cueva había un lugar preferente a otro, para diferenciar un lugar sagrado de otro que no lo era. Lo que sí sabemos, y así parecen demostrarlo muchas de las pinturas rupestres que se han hallado, es que los antiguos pintores o artistas del arte rupestre no trazaban dibujos como mero objeto decorativo. Lo hacían muy a conciencia y en lugares que dentro de la cueva eran de difícil acceso.

Ciertamente, en algunas cuevas las pinturas aparecen en la entrada o en una zona amplia y cómoda, pero se han descubierto pinturas en recovecos de incómodo acceso y de peor contemplación. ¿Por qué estaban allí? Tal vez para ser preservadas de la vista de mentes profanas. Quizá porque representaban una forma de sagrada magia protectora y benefactora del hogar.

Pero cuevas-templo aparte, en las que ya tendremos tiempo de profundizar, veamos qué es lo que hace que una vivienda, sea del tipo que sea, se convierta en un lugar especial. Para ello debemos retroceder hasta la simbología del punto.

Según los expertos en simbología, el punto representa el principio y el final de todo lo que tenga vida. El punto es la marca con que se efectúa una señal, una indicación de sacralidad. Al punto le sigue en su expansión el círculo, la primera casa, el primer hogar.

El círculo, como el punto, también es principio y fin de toda cosa. Es un ciclo, un camino que el viajero debe descubrir. Ahora bien, el círculo también es la representación ancestral que nos permite diferenciar lo que está dentro, al abrigo y en la protección, de lo que se encuentra fuera, desprotegido y al margen de ayuda.

El círculo nos sirve como punto de partida para entender el carácter sagrado y protector de una casa. Antes hemos puesto el ejemplo de una gruta. Pero supongamos durante un momento que nuestro antepasado carece de dicho recinto para refugiarse en la oscuridad de la noche. ¿Qué hará? Lo más seguro es que busque un espacio en el que pueda apoyar su espalda para notar seguridad en la retaguardia. De esta manera habrá cubierto una parte de su seguridad, pero todavía le faltarán por lo menos otros 180 grados del total de 360 que tiene la circunferencia. Nuestro antepasado debe proteger todo ese flanco. Quizá lo haga con un fuego a su alrededor. Tal vez tenga la ayuda de otros de su tribu que vigilan el círculo en las otras direcciones. Sea como fuere, si nos fijamos un poco veremos que en torno a nuestro antepasado se ha trazado un imaginario círculo: el primer recinto que le protegerá.

Sin pretender afirmar que la primera casa de nuestra historia fue un círculo invisible, vemos que el arquetipo del círculo nos sirve muy bien para ilustrar un elemento sagrado y nos ayuda a entender los motivos por los que magos, druidas y chamanes han trazado continuamente a lo largo de su historia círculos a su alrededor. Los círculos delimitaban su territorio, su dominio, su protección.

La delimitación y la protección viene marcada por la antigua cueva o la moderna casa de hoy: en su interior, aislados del mundo, nos sentimos seguros. Estamos en un mundo personal, independiente y propio. Es como si hubiéramos creado un mundo dentro de otro. Las paredes nos protegen de las injerencias del exterior, del peligro que atávicamente acecha desde fuera. Pero sigamos. ¿Cuáles son los elementos que nos han dado la protección?

En este caso debemos distinguir los siguientes: fuego, paredes, techo y..., la magia.

El fuego, cuyo recuerdo de protección ancestral todos nosotros tenemos grabado en lo más profundo de nuestro código genético, fue en realidad la primera arma, el primer dios que nos ayudó en nuestro camino para poder luchar contra el miedo y la inseguridad.

El fuego proporcionaba el calor necesario para superar ciertas adversidades climatológicas. Era, además, el «mágico elemento» que colocado alrededor de un grupo (seguramente en forma circular) otorgaba la protección quizá frente a otra tribu o ante los depredadores naturales. Fue también el fuego lo que ayudó a que en la puerta de una gruta o cueva el paso estuviese cerrado. Por supuesto, al fuego le debemos un primer centro sagrado de vínculo, puesto que alrededor de la hoguera se reunían los miembros del clan, nuevamente formando un círculo en el que afianzar sus lazos.

Y si el fuego era tan importante, debemos tener presente que aquellos que supieran dominarlo o darle vida y preservarlo, además de tener una gran responsabilidad con el resto de sus congéneres, tuvieron la oportunidad de convertirse en hombres o mujeres de poder. Personas que tal vez fueron los primeros magos, sacerdotes o brujos de la historia...

Dejemos al elemento de la purificación que es el fuego y volvamos a los otros dos puntales de sacralización: las paredes y el techo. En el momento en que el círculo tomó espacio en las dimensiones y se alzó con palos, ramas, hojas o barro, crecieron las paredes. El recinto protector con o sin techo tomaba forma y con él se acrecentaba el sentimiento de protección, de bienestar, de seguridad.

Nos queda un tercer elemento indispensable en toda vivienda: la magia. Resulta difícil establecer una fecha de nacimiento o instauración de la magia, puesto que, en definitiva, se remonta a la noche de los tiempos.

La magia es la capacidad de alterar las situaciones en beneficio propio. Por tanto, la magia nace por sí sola cuando pasamos de poseer un recinto desprotegido y no aislante a otro que es todo lo contrario. Mágico fue pues poder dejar fuera a los demonios de la noche. Mágico fue estar protegido de las inclemencias del tiempo. Mágicos fueron los elementos, piedras, barro, ramas u hojas que se extrajeron de la naturaleza, muchas veces en ceremonial ritual y que sirvieron como materia prima de construcción de una casa. Ahí es, en definitiva, donde reside el auténtico concepto de lo sagrado de la vivienda.

DE LA CUEVA A LA CASA: LA MAGIA DE SIEMPRE

Ciertamente, nuestros antepasados lograron desarrollar el símbolo del punto hasta darle forma y convertirlo en círculo para finalmente ennoblecerlo con las dimensiones, pero faltaba un pequeño detalle: era necesario que aquella construcción estuviese en un orden, en una armonía, en un equilibrio con el entorno. De esta forma vemos que en casi todas las culturas, la creación de un hogar no es un hecho trivial sino casi religioso.

El ser humano tiende muchas veces a complicar su existencia, pero otras veces lo que desde Occidente se ve como complicación no es sino una parsimonia ritual que ennoblece aquello que se hace. Dicen los expertos en cocina que el secreto de una gran receta es el cariño que se pone a la hora de confeccionar los platos. Si traducimos el término «cariño» por «emoción» o «vibración», tal vez lo comprendamos todo mucho mejor.

Si nos ponemos a elaborar un plato de cocina, el que sea, a desgana, con prisas y sin ningún tipo de interés, estamos generando a nuestro alrededor una energía vibracional bien distinta a la que fluirá si todo ello lo hacemos con amor. Pues esto mismo es lo que ocurre en muchas casas. Hay casas donde la armonía, la buena vibración y el amor brillan por su ausencia, dando como resultado la generación casi inmediata de negatividades de todo tipo.

El ejemplo de la confección de la receta de cocina nos sirve muy bien para ilustrar la magia de la construcción de una casa. Es cierto que la industrialización de hoy no nos permite participar con el resto de los ciudadanos y con los expertos en energías que serían necesarios para escoger los elementos que compondrán nuestra casa. Ahora bien, todos sabemos que podemos incorporar a nuestra vivienda algunos «elementos especiales» que la hagan más armónica. En el pasado sucedió igual. Antiguamente, y todavía hoy ocurre en numerosas culturas, la edificación de una casa o la adecuación de una cueva no se improvisaba, sino que se elaboraba paso a paso y en ceremonial ritual. De ahí proviene buena parte de la magia que reside en las construcciones.

La primera piedra que ponían los romanos procedía de tierra que para ellos era sagrada. Los hankut hacen un hoyo en el suelo en el que entierran sus amuletos para bendecir un terreno sobre el que luego edificarán una casa. Los druidas, por su parte, purificaban el terreno en el que se erigiría una casa utilizando pequeños menhires con las que pretendían limpiar y regular las energías.

Cueva o casa, un recinto en el que vamos a vivir debe estar en armonía con el entorno, con las personas y con las actividades que allí se desarrollarán. No se trata de agradar a los espíritus, como se decía antiguamente, se trata de «armonizarnos con las energías». En la antigüedad, un lugar que iba a ser convertido en hogar tenía ciertas protecciones. Algunas venían otorgadas por la bendición del chamán o sacerdote de rigor; otras por la preparación de la tierra en la que se asentaría la vivienda; otras por la inscripción en las paredes (como sucedió en muchas cuevas) de aquellos signos o símbolos que representaban la fuerza, la seguridad, el poder o la armonía, en definitiva, elementos que se pretendía poseer en el interior.

Volvemos por un instante a la energía, a los espíritus y a los dioses. En la película *Poltergeist* de Steven Spielberg, una constructora erige una urbanización sobre un antiguo cementerio indio. Los fenómenos extraños no se hacen esperar. Este, en apariencia, simple argumento, no está necesariamente tan lejos de la realidad como puede parecernos. Un cementerio es un lugar de dolor, de angustia, de pena y desesperanza. Pero el problema no siempre viene de los muertos, sino de los vivos. Es fácil imaginar cuánta energía, cuántas malas vibraciones se han vertido a lo largo de los años en un recinto como ése. Desde luego, sería iluso esperar que ello no acabase afectándonos tarde o temprano y mucho más si encima de un cementerio erigimos nuestra casa en la que forzosamente nacerán nuevas frecuencias vibracionales fruto de las emociones. ¿Qué ocurrirá cuando todas ellas se mezclen?

El caso del cementerio puede parecer exagerado, desde luego, pero tanto druidas como chamanes, como un mago de las energías, tendrían muy en cuenta dónde ubicar y dónde no una casa. Y para hacerlo bien, sólo sería necesario «escuchar» el entorno, con el que siempre hay que estar en armonía.

DE LA ZONA SAGRADA A LA ZONA PROFANA

Dentro de las artes mágicas, se insta siempre al iniciado para que a la hora de edificar su templo distinga muy bien los espacios que usará. Se le indica que debe separar las zonas que serán sagradas de las profanas. Esto mismo es aplicable a las viviendas cotidianas.

En las casas de hoy en día hemos perdido el concepto de lo sagrado y el de lo profano y, sin embargo, seguimos aplicándolos aun sin saberlo. De esta forma, un dormitorio acostumbra a ser un recinto privado y exclusivo de la pareja; en cambio, el salón de estar o el comedor se convierte en la habitación pública por la que pasará todo el mundo. Dicho de otra forma, el dormitorio o aquella estancia que sólo emplean los moradores de la casa será la estancia sagrada y las que se entienden como comunitarias pasarán a ser profanas.

Pese a las aclaraciones anteriores, cabe decir que la diferenciación entre sagrado y profano va mucho más allá, al menos en lo que a magia y energía se refiere.

La zona sagrada será aquella en la que sólo el maestro que ha sido iniciado podrá entrar. Se tratará de un lugar armonizado, protegido y, en definitiva, de lo más parecido a un templo. Desde ese lugar se pedirá mediante invocación la protección necesaria a los dioses. Por supuesto, la zona sagrada estará armonizada energéticamente y se intentará impedir a toda costa que las malas energías, malas vibraciones o espíritus impuros penetren en ella.

Por su parte, la zona profana será aquella en la que todo el mundo sin distinción podrá entrar. Es una zona peligrosa mágicamente hablando, puesto que en ella se pueden condensar todo tipo de energías a las que luego habrá que purificar.

Esta diferenciación de las zonas de una casa nos puede servir, ya como punto de partida, para empezar a evaluar cómo es nuestra vivienda. Si efectuamos un sencillo estudio podremos averiguar y quizá hasta descubrir qué tipo de energías se mueven en nuestro domicilio y si tenemos todo en armonía para tener una casa encantadora en lugar de una casa encantada.

EJERCICIO DE ESTABLECIMIENTO DE LAS ZONAS

Esta práctica tiene por objetivo intentar clarificar cómo es nuestra casa energéticamente hablando y de qué manera hemos distribuido sus zonas para la convivencia cotidiana.

1. Nos sentaremos cómodamente frente a una mesa y tomaremos bolígrafo y papel. Nos relajaremos con la ayuda de la respiración y, pasados un par de minutos, iremos repasando mentalmente cada una de las habitaciones de la casa.
2. A medida que vayamos enumerando las estancias de nuestra casa escribiremos en el papel su nombre y junto a él el término «sagrado» o «profano».
3. Una vez confeccionada la lista, nos desplazaremos hasta cada una de las estancias para evaluar, ya desde ellas, qué tipo de energía y sensaciones nos dan. De esta manera podremos ver si realmente percibimos que son lugares sagrados (tranquilos, con buena armonía) o profanos (con alteraciones o que nos dan sensaciones de malestar).

Daremos por concluido el ejercicio cuando hayamos repasado todas las estancias. Si en alguna de ellas percibimos cierto malestar, debemos investigar qué es lo que nos desagrada, si es la decoración, la ubicación, el mobiliario, la actividad que se desarrolla allí, etc. De esta forma podremos realizar las modificaciones que creamos oportunas cuando lleguemos al capítulo correspondiente o al menos entender qué es lo que nos sucede cuando estamos en ese lugar.

LAS CASAS MALDITAS

«No busques el Mal porque antes de lo que imaginas
él te encontrará. No preguntes por el Mal porque quizá
tú seas su respuesta. No acuses al Mal porque te convertirás
en el verdugo de tu persona. Más bien pregúntate si realmente
todo aquello que tú llamas Mal no es más que un espejo
en el que aún no has aprendido a mirar.»
LUKOR ALGAR

En honor a la verdad, no son las casas las que realmente han
trascendido dentro del mundo de los lugares malditos. En un
listado imaginario de lugares especiales, por delante de las casas infectadas o poseídas por entidades de índole negativa,
encontraríamos desde barcos hasta bosques, cuevas o castillos.
Y es que las entidades supuestamente demoníacas o maléficas
y perturbadoras están por todas partes, no es una historia ex-
clusiva de las casas.

Si analizamos un poco los datos que nos da la historia veremos barcos que a medio derruir aparecen entre brumas, fan-
tasmagóricos sonidos de campanas antiniebla en las costas que
van desde la «de la morte» en Galicia hasta las siempre miste-

riosas aguas atlánticas de Irlanda. Profundizando un poco más en el fenómeno, cabe resaltar claros de bosques en Bretaña, donde los druidas habían pactado con sus espíritus y duendes para que ahuyentaran a todo aquel que no tuviera el corazón puro. Así es como aparecen en multitud de leyendas las historias de claros de bosque que de pronto se oscurecen y en los que soplan gélidos vientos acompañados de todo tipo de fenomenología extraña.

Los castillos, templos, iglesias y conventos bien merecen un punto y aparte. Desde luego, no hay castillo que se precie que no posea una leyenda y de uno a varios fantasmas o, al menos, algún que otro fenómeno anómalo. ¿Falsedad? La verdad, no podemos categorizar y asegurar que en todos estos recintos haya predominado el engaño al hecho real, aunque en muchas ocasiones el «encantamiento» había sido muy bien urdido.

Pese a todo, es conveniente recordar que tanto en los castillos como en determinados monasterios o templos, las energías de los vivos que los han poblado no han sido todo lo «puras» que cabría imaginar. Torturas, prisiones en condiciones deplorables, guerras, traiciones y todo tipo de abusos se han cometido a lo largo de la historia en los castillos. Como consecuencia, la impregnación psíquica de la gran mayoría de ellos tiene que dejar bastante que desear.

En lo que a templos o conventos se refiere, pese a ser lugares santos en los que el recogimiento y la oración parecían ser protagonistas, no olvidemos que ha sido en recintos como éstos donde más se han registrado posesiones demoníacas, apariciones de íncubos y súcubos, y abundante fenomenología *poltergeist*. Recordemos, por citar un ejemplo, la gran cantidad de denuncias de infestación a las que tuvo que atender el pontífice Urbano VIII a principios del siglo XVII.

La explicación, en el caso de los templos, nuevamente parece ser sencilla: la energía de los vivos se altera fácilmente en determinadas condiciones. Sabemos perfectamente que en la antigüedad pasar a engrosar las filas de los servidores de Dios no siempre era un acto voluntario y placentero. De la misma forma, cabe recordar que determinados estados de ayuno, contemplación u oración pueden ser presión más que suficiente para que las almas sensibles puedan alterarse con el consecuente estado de modificación de la conciencia. Claro que las cosas no siempre han sido tan fáciles de explicar y siempre debemos permitir un resquicio para la duda.

LOS FENÓMENOS DE INFESTACIÓN EN LA ANTIGÜEDAD

Resulta evidente que el cine, con películas como la ya mencionada *Poltergeist* y tantas otras en la línea de las mansiones malditas o poseídas, ha popularizado desde la década de los setenta la existencia de casas encantadas y de una serie de fenomenología al uso. Pero no nos engañemos, el fenómeno, lejos de ser contemporáneo, puede remontarse no sólo a la Grecia clásica, sino incluso al antiguo Egipto.

Así, efectuando un somero repaso geográfico que bien podemos iniciar en Egipto, veremos que una antigua receta de magia egipcia advierte que: *«Para evitar que en tu morada se puedan manifestar las almas negativas de quienes no han recorrido el justo camino, quema en el fuego sagrado un poco de almizcle, con benjuí y aceite común. Y recuerda que la mejor protección para evitar que las almas impuras te castiguen con sus lamentos por la noche es conservar junto a ti en el lecho el diente de cocodrilo ungido con la sangre de una virgen».*

Viajando a otras latitudes, podemos leer en las cartas de Plinio el Joven que el filósofo Atenodoro compró una casa extremadamente barata, ya que al parecer el propietario quería desembarazarse de ella como fuera. Parece ser que acontecían ciertos «hechos» extraños. Cuando el comprador se instaló en la que sería su nueva mansión, tuvo la oportunidad de escuchar por la noche el sonido de unas cadenas que se arrastraban por el suelo, amén de ver con sus propios ojos una serie de fenómenos ópticos de difícil explicación. Pero los hechos no terminaron aquí, ya que al final de la noche fenomenológica, Atenodoro presenció la aterradora visión de lo que se tomó como el espectro de una víctima de asesinato. Al parecer el fantasma o espectro le reclamaba la libertad para su cuerpo de mortal y le dio al dueño de la casa instrucciones precisas para que éste encontrara sus restos óseos.

Otro caso interesante es el acontecido en el templo de Minerva, donde tras la muerte del general lacedonio Pausanias, se tuvo la oportunidad de escuchar ruidos muy extraños. La explicación dada en este caso era muy clara: el general había sido emparedado en alguno de los muros del recinto y su alma pedía la merecida justicia y el deseado descanso. En este caso, estamos hablando del siglo I antes de Cristo.

Pero no nos quedaremos aquí, pues el repaso histórico nos conduce hacia el año 550 cuando, según narran las crónicas, en la vivienda del diácono Hilpius sucedió una «misteriosa lluvia de piedras». Como podrá imaginar el lector, no se trataba de un fenómeno meteorológico, eso habría sido de fácil explicación. Al contrario, las piedras caían *furiosas y con una fuerza inusitada sin causa aparente y sin persona alguna que las tirase en el interior de la casa. Este hecho que duró varios días cesó de golpe sin que nadie, ni los vecinos ni los expertos, pudiera averiguar ni su naturaleza ni su motivación*.

Merece la pena hacer un alto en el camino para poder repasar la fenomenología de las piedras. Este fenómeno, que parece ser que no acostumbra a producirse con esta intensidad hoy en día, aconteció en numerosas ocasiones entre los siglos I y III.

Mencionábamos anteriormente la casa del diácono Hilpius, y un fenómeno similar ocurrió también en el año 335 en la población alemana de Bigen am Rhein, donde se constató una lluvia de piedras que caían en el interior de la estancia de una casa. Las piedras se acompañaban de una serie de ruidos extraños que fueron interpretados como alaridos.

Ya más en nuestras latitudes, también en ese mismo siglo I y alrededor del año 600, se registra en España un caso que fue interpretado como brujería. Al parecer sucedió en las proximidades de Potes, una pequeña población cántabra donde *«caían piedras del techo cada vez que La Mada* [nombre de la mujer que habitaba la casa] *estaba de mal humor porque alguno de sus sortilegios no había salido todo lo bien que ella quería. En esos momentos era necesario abandonar el recinto puesto que las piedras, que parecían esquivar a las personas que allí se encontraban, aparecían de pronto desplomándose con gran virulencia».*

Dejando a un lado el fenómeno de las piedras, que también debemos catalogar como una parte más de la fenomenología que acompaña al fenómeno *poltergeist*, podemos seguir este breve repaso hasta llegar a su época dorada. Debemos pues situarnos ya entre los siglos XVIII y XIX, sin duda el período en que el espiritismo, las sesiones mediúmnicas, los trances, la ouija y las casas encantadas fueron los auténticos protagonistas, especialmente en la alta sociedad.

De la «época dorada» cabe destacar el caso de las hermanas Fox y el de la rectoría de Ewport. No obstante, los hechos que les ocurrió a las hermanas Fox no deben englobarse como un fenómeno de infestación, aunque en cierta forma la hubo.

Por lo que se refiere al caso de las hermanas Fox, la historia comienza el 2 de diciembre de 1847 en Hydesville, cuando los habitantes de la casa escucharon golpes estremecedores, vibraciones muy violentas que parecían ser producidas por una mano golpeando una madera. Los hechos fueron definidos por las jóvenes como *«parecidos a la descarga de un carro de pedruscos sobre una plataforma de madera»*.

Al cabo de los días, las niñas, acostumbradas ya a los sonidos, decidieron jugar con ellos y responder con otros golpes. De aquella forma nació un primigenio sistema de comunicación y, con él, el contacto más popular con el mundo espiritual. (Recomiendo consultar el libro *Contacto Espiritual*, publicado en esta misma colección.)

En cuanto a lo sucedido en la rectoría inglesa de Ewport, Lincoln, el hecho, aunque también era espectacular, no revistió tanta trascendencia como el de las hermanas Fox. Por una parte, en el recinto se escuchaban voces desgarradoras, algo así como gemidos, gritos y hasta algún que otro sollozo. Las cosas empeoraron cuando los muebles empezaron a moverse solos y las puertas crujían. El cénit de todo ello se alcanzó cuando los cristales emplomados de las ventanas caían por sí solos y sin que hubiese un fenómeno meteorológico que pudiera justificarlo.

La investigación del hecho mencionado corrió a cargo del químico y teólogo británico Joseph Priestley, quien no pudo llegar a hechos concluyentes que clarificasen la naturaleza del fenómeno como un claro fraude o un hecho paranormal.

LAS CASAS FANTASMALES

Hemos podido comprobar que el fenómeno no es nuevo. No obstante, como iremos viendo después, cuando entremos de lleno en la producción e investigación del *poltergeist*, no todos los hechos que suceden son iguales ni tampoco responden a una misma naturaleza. Una cosa es que ocurra una gran debacle tipo *poltergeist* y otra cosa, bien diferente, que «sólo» se trate de una caída de piedras en el centro del salón comedor. Pero vayamos por partes.

Que a lo largo de la historia han ocurrido hechos extraños es un hecho innegable, pero ¿qué debemos entender como casas fantasmales? Evidentemente, aquellas en las que hay un fantasma. Ahora bien, ¿qué es un fantasma? Desde luego, no es una piedra que cae, tampoco un cristal que se rompe y mucho menos una mancha de sangre en el centro del salón comedor, hechos que ciertamente han pasado pero que pertenecen más a la condición de *poltergeist*. Y es que la fenomenología es tan rica en matices que nos puede llevar a la confusión, especialmente cuando hablamos de casas encantadas, ya que, para empezar, una casa puede estar «encantada» y no necesariamente poseer un fantasma o, si me permiten la rectificación, «entidad» alguna que la habite.

Para el *Diccionario de la Real Academia Española de la Lengua*, un fantasma es desde una *«visión quimérica, como la que ofrecen los sueños o la imaginación calenturienta»* hasta la *«imagen de una persona muerta que, según algunos, se aparece a los vivos»*, pasando por un *«Espantajo o persona disfrazada que sale por la noche para asustar a la gente»*.

Por su parte, los parapsicólogos o seguidores del fenómeno prefieren definirlo como una *«aparición, desdoblamiento o bilocación a veces proyectiva de lo astral. El fantasma es, por lo tanto, una materialización de nuestra propia mente, generalmente excitada o sobreexcitada por alguna causa anormal.»*

Desde luego tenemos explicaciones para todos los gustos, pero en lo que sí están conformes la gran mayoría de los investigadores es en que un fantasma no es un «personaje» con sábana y cadenas que se arrastra (como marca la tradición) a partir de las doce de la noche para redimir sus penas. Entonces, ¿qué ocurre en las casas fantasmales? Podríamos decir que en ellas la energía se manifiesta.

Debiéramos distinguir una casa fantasmal de otra que está maldita. Esta diferenciación nos permitirá establecer parámetros de investigación y aclaración del fenómeno. A grandes rasgos diremos que la «casa fantasmal» es aquella en la que hay manifestación de fenómenos fantasmales como los que describiremos seguidamente, mientras que la «casa maldita», siendo o no fantasmal, sería aquella morada en la que el mal, manifestado bajo formas enigmáticas, está latente. Antiguamente cualquier hecho anómalo que sucedía en una morada era atribuible a la maldición de un fantasma. Hoy ya no queda espacio para estas teorías. Las nuevas investigaciones y las corrientes más aperturistas se decantan hacia el concepto de «energía» o «manifestación energética».

Volviendo a la casa fantasmal, diremos que es aquella en la que se dan o se han dado fenómenos asociados a la fantasmogénesis, ya sean de carácter visual o auditivo. De esta manera podemos incluir como dichos fenómenos la visión total o parcial de figuras fantasmales o vaporosidades. En este caso no nos servirían las ectoplasmias que, recordemos, son la emanación material de un médium con la que forman apariencias de fragmentos orgánicos, seres vivos o cosas. Por lo que a la parte auditiva se refiere, en una casa fantasmal podrían escucharse ciertos ruidos o sonidos que siempre deberían tener relación con el espectro, quedando incluidos aquí los lamentos, gritos, aullidos y hasta palabras.

Y ¿dónde nos quedan aquí las cadenas o grilletes? ¿Por qué los modernos fantasmas suelen carecer de ellos? La respuesta es muy simple, aunque pueda parecer una broma con carácter despreciativo (nada más lejos): también los fantasmas se adaptan a los nuevos tiempos. La creencia más extendida antiguamente era que los fantasmas habían tenido una vida disipada y perniciosa y por eso habían terminado sus días presos, llenos de grilletes y cadenas. Y claro, si morían encadenados, encadenados aparecían después en el mundo de los muertos. Por lo que se refiere a la sábana, no deja de ser una reminiscencia de la mortaja, esa blanca túnica o sencilla sábana con la que se enterraba tantas veces a los difuntos.

Concluyendo con las casas fantasmales, es importante resaltar que no necesariamente el mal está en ellas. Es evidente que durante siglos la manifestación de la energía ha sido interpretada como algo negativo y al menor síntoma de anomalía se han creado miedos y leyendas que los han alimentado. Pero de ahí a tener que interpretar todo como algo negativo hay un abismo. Al contrario, en muchas ocasiones, la manifestación, aun siendo molesta y productora de situaciones de temor, era pacífica, dócil y hasta positiva. Sirva como ejemplo la presencia de fantasmas (energías) que han resuelto dudas, misterios y crisis a los moradores de las casas.

Como veremos en capítulos sucesivos, los antiguos fantasmas que hoy denominamos energías pueden ser muy benéficos y productivos en nuestras vidas y ayudarnos a tener una casa encantadora. Aunque mal encauzados, también pueden significar un gran problema.

LOS FENÓMENOS POLTERGEIST

Tener fantasmas en una casa, presenciar la manifestación de la energía o percibir ruidos asociados a una entidad no siempre debe vincularse a un *poltergeist*, al que podríamos definir como el «plato fuerte del fenómeno espiritual».

Al igual que ha sucedido con otras fenomenologías, el *poltergeist* ha existido prácticamente desde siempre, variando en matices y manifestaciones. Pero volviendo a su definición, debemos interpretarlo como una gran manifestación energética en todas las direcciones, tanto que suele hacerse, por lo menos al principio, peligrosamente incontrolable a pesar de que se puede llegar a «convivir» con él.

El origen de la palabra *«poltergeist»*, que popularmente se ha definido como «espíritu burlón», debemos buscarlo en el folklore alemán. En la lengua germana, el término no existe sino que es la unión de dos vocablos: «polter», que podríamos traducir como «estridencia, ruido o agitación» y «geist» que se correspondería con «espíritu» o «duende».

La parapsicología, por su parte, prefiere definirlo como un conjunto de fenómenos que se circunscriben dentro de la psicokinesia o fenómenos PK, en los que hay una influencia directa sobre un sistema físico sin que haya intervención instrumental o energética concebible. En resumen, podríamos decir que se trata de la sucesión de una variopinta diversidad de fenómenos de difícil catalogación.

En un *poltergeist* puede suceder cualquier cosa. Las luces se encienden y se apagan, los objetos vuelan libres por los aires, los muebles y enseres de la casa pueden llegar a levitar o simplemente desplazarse sin orden ni concierto, pero aprovechando las investigaciones que ha realizado la parapsicología sobre el tema, podemos establecer una serie de categorías y una clasificación sobre los distintos hechos que pueden ocurrir:

1. Fenómenos acústicos

En este apartado se incluirían todo tipo de sonidos que se producen sin una causa aparente. Entre los más comunes podríamos distinguir los siguientes:

- *Raps* o golpes en las paredes o en cualquier otro lugar del recinto.
- Sonidos producidos por el efecto de choque de objetos entre sí.

- Parafonolalias o imitación de melodías, cantos y coros litúrgicos.
- Sonidos vinculados a fenómenos atmosféricos como ráfagas de viento, sonidos parecidos al granizo e incluso similares a los truenos.
- Gemidos, extraños sonidos guturales que nadie parece producir, silbidos e incluso gritos.

Cabe destacar que este tipo de fenomenología es el más común y repetitivo en el fenómeno *poltergeist*. Precisamente, muchos de estos sonidos son registrados en directo auditivamente, si bien algunos de ellos quedan registrados en psicofonías al sér inaudibles en primera instancia por los presentes.

2.. Fenómenos dinámicos

En este caso estarían relacionados con el desplazamiento de objetos sin que haya una causa aparente. Los más frecuentes son:

- Oscilaciones de lámparas colgantes con movimientos que en ocasiones llegan a desprenderlas del techo.
- Movimientos de cortinajes y aquellas telas del recinto que en apariencia sólo el viento podría hacer oscilar.
- Desplazamiento de pequeños objetos como llaves, ceniceros u objetos decorativos.
- Crujido de muebles y, en menor medida, desplazamiento o levitación de los mismos.
- Efectos vibratorios en paredes, suelos o techos de viviendas, cuya intensidad puede parecer un pequeño terremoto (parasismogénesis).
- Ocasionalmente, «litotelergia» o caída de piedras. Este fenómeno puede venir acompañado de otros fenómenos, como lluvia de leche, aceite o agua.

3. Fenómenos ópticos

Se trataría de todos aquellos que son observables a simple vista por cualquier observador o investigador, si bien es posible que alguno de ellos sea presenciado exclusivamente por una persona dotada de especial sensibilidad (médium). Podemos destacar los siguientes:

- Alteraciones en la intensidad o en el color de la luz, siendo frecuentes las subidas y bajadas de tensión y ocasionalmente la ausencia total de ella.
- Visión de cualquier tipo de vaporosidad o de formas extrañas y de procedencia no catalogable.
- Percepción de sombras, por lo general en tonos grisáceos y negros.
- Visiones de humo, por lo general negro aunque se han dado casos que poseían coloraciones.
- En casos muy espectaculares, manifestaciones fantasmales o formaciones de ectoplasmias.

Puede darse el caso de que acontezcan otros fenómenos ópticos para los que deban utilizarse técnicas especiales de captación como fotografías de alta sensibilidad, grabaciones en cinta de vídeo (psicoimágenes), etc.

4. Fenómenos táctiles

En esta categoría habría que incluir los fenómenos en los que los afectados o presentes sienten pesos, presiones, roces, caricias y hasta golpes sin causa justificada. Los más comunes son:

- Sensaciones de peso en alguna parte del cuerpo, como en el plexo solar o en la cabeza.

- Percepción de empujones desde cualquier dirección con intensidades variables y en cualquier zona del cuerpo.
- Agresiones leves, pero ocasionalmente fracturas y heridas.
- Roces muy suaves, caricias invisibles que pueden traducir indistintamente frío o calor. Ocasionalmente, tocamientos de índole sexual.

5. Fenómenos olfativos

En esta categoría se puede incluir una gran variedad de sensaciones y percepciones tanto agradables como desagradables. Destacan, entre otros:

- Percepción de aromas metálicos parecido al que percibiríamos en una fundición.
- Aromas de naturaleza, por lo general a flores frescas.
- Olores nauseabundos y pestilentes, muy desagradables y de aparición repentina.
- Sensaciones de ahogo por el olor, con percepciones de matices similares al amoniaco y al azufre.

Finalmente cabría destacar la posibilidad de producción de otros dos fenómenos poco frecuentes pero realmente interesantes, como es el caso de la metapirogénesis y el de los parahilogramas. En el primer caso se trataría de combustión espontánea sin foco de calor visible tanto sobre objetos de la casa como sobre prendas de ropa o sobre personas. En el segundo caso, los parahilogramas acontecen cuando surgen manchas de aceite, sangre u otras sustancias y que puntualmente pueden dejar una marca o dibujo interpretativo sobre la superficie.

Como vemos, el *poltergeist* es todo un fenómeno que en función de la intensidad que reviste debe ser investigado y tratado con mucha paciencia y, por supuesto, sangre fría. Como es evidente, cuando los fenómenos ya mencionados comienzan a producirse sin orden ni concierto en una casa, lo mejor es contactar con los expertos en la materia. De todas formas, a modo de toma de contacto, incluimos seguidamente un breve «manual de estilo» sobre el procedimiento que debemos llevar a cabo.

CÓMO DETECTAR UN POLTERGEIST

Cabe la posibilidad de que en nuestra casa, en la oficina o en otro lugar, comiencen a pasar hechos extraños. Insistimos una vez más que lo mejor siempre es mantener la calma y relajarnos, y, por supuesto, no dejarnos influenciar por el fenómeno como si estuviéramos en la mejor de las películas de ciencia ficción.

No debemos olvidar nunca que estamos tratando un hecho energético, por eso la sangre fría y el sosiego son las mejores armas de acción. En cualquier caso, estos son los pasos que siempre deberíamos seguir:

1. Evaluación emocional

Se trata de realizar una sencilla prospección que nos acerque al comportamiento, carácter y psicología de las personas afectadas o que viven en la casa o quizá hacia nosotros mismos. Este estudio nos ayudará a darnos cuenta de que bajo ciertos parámetros psíquicos el efecto es bastante más notorio. En este caso prestaremos especial atención a los siguientes puntos:

• Debemos analizar la posible existencia o padecimiento de estados de modificación de la conciencia, fijándonos de manera especial en el estado anímico que están viviendo los afectados.

- Debemos evaluar si los afectados están pasando por una crisis emocional de angustia, ansiedad, depresión, tristeza, etc.
- Durante el análisis emocional, el comportamiento debe ser firme pero tranquilo. Por supuesto, no gritaremos ni perderemos los nervios y, pese a ser imperativos en las órdenes, mantendremos en todo momento respeto por los afectados.
- Analizaremos si quien padece el fenómeno ingiere o está bajo los efectos de drogas o alcohol. Cabe resaltar que algunas personas bajo estos estados pueden producir fenómenos de movilización energética.

2. Evaluación visual

Es imprescindible que antes de tomar cualquier tipo de medida realicemos un análisis visual por toda la casa, observando los fenómenos que acontecen en ella con la mayor frialdad posible, tomando nota de ellos y observándolos, estancia por estancia. En nuestra observación tendremos en consideración lo siguiente:

- Analizaremos las tuberías y conducciones de agua, desagües y grifería en general. Un buen análisis pasará por abrir los grifos y hacer correr el agua de todos ellos. Tras la verificación nos cercioraremos de volverlos a cerrar, precintándolos con cinta adhesiva si fuera necesario. Este procedimiento nos ayudará a descartar la existencia de obstrucciones o bolsas de aire en las cañerías.
- Verificaremos las conducciones generales de gas, controlando todas y cada una de las espitas, los mandos de cocinas, estufas y radiadores o calentadores de agua. En el caso de las calefacciones, comprobaremos también que los tubos de conducción del agua caliente están debidamente purgados y no contienen aire.

- Analizaremos las instalaciones eléctricas prestando el máximo de atención a los televisores, vídeos, reproductores de sonido y ordenadores. Comprobaremos que además de estar apagados a través del interruptor, están desconectados de la red eléctrica.
- Verificaremos a conciencia la instalación de lámparas y apliques. A la hora de comprobarla, el primer paso será desconectarlas de la red eléctrica para observar después los interruptores y bombillas.
- Comprobaremos si hay corrientes de aire, observando las zonas de entrada y salida de aire en la casa, así como los cierres de puertas y ventanas. Este paso nos ayudará a comprender, si se produjera, el fenómeno de las ráfagas de aire.

3. Evaluación olfativa

Ya hemos visto que cabe la posibilidad de la alteración del ambiente. Por ello, si realizamos este análisis, podremos dilucidar a qué se debe el perfume o la peste que percibimos en la estancia. Debemos prestar especial atención a:

- El aroma que podemos percibir en una habitación tras haberla aireado convenientemente unos veinte minutos.
- Comprobar que todos los desagües de la casa están cerrados y aislados. Por supuesto, debemos comprobar aquellas zonas por las que circula el agua y, en especial, los cuartos de baño, cocinas y habitaciones contiguos a éstos, a la búsqueda de señales de humedad o fuentes de calor.

4. Evaluación física

Nos servirá para detectar anomalías, tanto en los moradores de la vivienda como en ésta. Se tratará de palpar paso a paso y con mucha paciencia paredes y suelos, con el fin de comprobar su consistencia y la posible existencia de cámaras de aire. El mejor remedio tras la palpación será golpear suavemente con los nudillos aquellas superficies que nos parezcan dudosas y, tras hacerlo, prestaremos atención a una posible respuesta. Al margen de ellos, tendremos en cuenta las siguientes consideraciones:

- Cuando detectemos una zona «caliente» en la que supuestamente acontezca un fenómeno, acercaremos la mano antes de tocarla directamente a la espera de captar alguna sensación de frío o calor, o incluso vibraciones de energía.
- Realizado el paso anterior, tocaremos con la palma de la mano abierta aquellas zonas en las que se producen los hechos extraños para detectar alteraciones de la temperatura.
- Comprobaremos, mediante el tacto o el termómetro, cualquier alteración que pueda haber en la temperatura de la persona afectada, verificando que no padece patología alguna que lo justifique.
- Verificaremos también sudoraciones anómalas, cambios de color y temblores o espasmos en los afectados.

Como habrá podido comprobar el lector, el análisis de un *poltergeist* no es precisamente trabajo de un ratito libre ni de cinco minutos. En ocasiones, pese a todas las evaluaciones que raramente se pueden llevar a cabo en una sola jornada, no siempre se extraen datos lo suficientemente interesantes o relevantes como para poder diagnosticar con exactitud el fenómeno y, por tanto, hallar la explicación al mismo para así conseguir que desaparezca o finalice. Por todo ello me permito reiterar en mi recomendación inicial: paciencia, sangre fría y contacto con los expertos.

CÓMO CONVIVIR CON UN POLTERGEIST

Supongamos que hemos logrado diagnosticar un *poltergeist*. De ser así, es de suponer que los expertos en estos temas ya se habrán puesto manos a la obra para su resolución, pero puede ocurrir que todo esté en trámite.

Como es evidente, a través de las recetas, prácticas y orientaciones de los diferentes capítulos, podemos lograr que nuestra casa se «purifique» o que al menos se haga más habitable y pase de estar encantada a no sufrir «dolencia» alguna. Pero mientras esto sucede, lo mejor es estar preparados para convivir, esperemos que por breve tiempo, con la fenomenología.

La regla de oro en estos casos es no negar el fenómeno, no despreciarlo y no luchar violentamente contra él. Reacciones como éstas no harían más que empeorar las cosas. Pero al margen de este consejo de oro, veremos que en el ritmo de lo cotidiano podemos realizar otras sencillas acciones que nos ayudarán mucho.

1. Asumir el fenómeno como algo transitorio

Ya hemos visto de qué manera pueden llegar a manifestarse las energías. Pueden hacerlo con mayor o menor violencia, pero, desde luego, siempre se trata de un fenómeno transitorio que al cabo del tiempo termina por desaparecer. Este hecho y no otro debería ayudarnos a confiar en nuestra persona, en el entorno y en quienes se están encargando del caso.

Como el fenómeno es puramente energético, nuestro pensamiento y forma de acción pueden hacerlo empeorar o alargarlo más de lo necesario. Recordemos que cada vez que pensamos, ideamos y actuamos, estamos manipulando y moviendo la energía. Así pues, sin dejar de prestar importancia a lo que sucede, procuraremos positivizar.

2. Buscar una explicación coherente

Dado que los fenómenos de infestación no son perennes, hay algo que los desencadena y, casi siempre, ese mismo «algo» provoca su remisión. Por ello debemos, fría y coherentemente, intentar descubrir qué ha pasado para que las cosas hayan empezado a cambiar.

Una explicación con coherencia no pasa por cuestionar la validez del fenómeno, que existe y es real. No pasa por formularnos preguntas del tipo: ¿qué he hecho yo? o ¿por qué a mí? Simplemente debemos intentar evaluar desde cuándo se ha producido una alteración en nuestra vida o en la de quienes nos acompañan. Deberíamos ver qué problemas se han tenido, qué situaciones tensas o dolorosas se han vivido, cuáles han sido las posibles crisis que se han padecido y que han terminado por afectar al hogar.

En ocasiones sucede que un cambio hormonal en los adolescentes, el desarrollo de un gran trauma o un sentimiento de culpa muy fuerte son detonantes más que suficientes para que la energía interior que todos llevamos dentro actúe de forma descompensada.

3. Realizar una exhaustiva limpieza y aireación del recinto

Al margen de todas las indicaciones que podamos dar en capítulos sucesivos, la casa o el recinto que padece una infestación debe estar perfectamente limpia y aireada. La higiene y la limpieza son dos factores que, sin ayudar a finalizar la producción de un fenómeno, sí que median en la circulación y purificación energética. En este sentido, cuando vemos que los hechos se van repitiendo, debemos procurar airear al máximo los espacios, poniendo especial mimo en aquellos en donde la manifestación fenomenológica es mayor.

Pero debido a que con airear la casa no suele ser suficiente, será preciso higienizarla al máximo. Así, además de ventilar bien todas las estancias, realizaremos un concienzudo barrido y fregado de las mismas, procurando además que después de la limpieza se perciba un ambiente agradable que puede venir mediante la inclusión de inciensos (utilizándolos con mucha moderación).

La limpieza e higiene se hace extensiva forzosamente a los moradores de la casa. Las personas que están viviendo un *poltergeist* deben cuidar su higiene personal al máximo. Recordemos que la ducha o el baño son perfectos aliados para la canalización energética, puesto que además de permitirnos la limpieza típica, pueden relajar y distensionar.

En determinados casos, los afectados destilan un aroma o un perfume especial que bien puede ser de pestilencia o bien de santidad. En cualquiera de los dos casos, se suele tratar de una alteración hormonal y emocional que difícilmente puede solucionarse tomando un baño o una ducha. No obstante, dichas acciones de limpieza pueden servir de gran ayuda a la tonificación.

4. Extremar las medidas de seguridad doméstica

Gas, agua, instalaciones eléctricas, amén de electrodomésticos, son los que por lo general suelen sufrir más la fenomenología *poltergeist*, por lo que debemos hacer un esfuerzo para protegerlos. De esta manera, en la medida en que sea posible, procuraremos tener desconectados de la red eléctrica aquellos utensilios que no sean estrictamente necesarios. Por lo que se refiere a las conducciones del agua y del gas, siempre será mucho más adecuado, a pesar de la incomodidad, realizar aperturas y cierres de los pasos generales para cada uso puntual.

5. Vivir dentro de una relativa normalidad

Suele ser complicado, pero hay que esfuerzarse para que el fenómeno altere lo menos posible la cotidianidad. De este modo, intentaremos mantener los horarios de sueño y descanso, los de las comidas y los de las acciones diarias dentro de la casa. La mejor forma de compensar la producción de estos hechos energéticamente es manteniendo una tensa calma de normalidad. Salvo en los casos necesarios que nos obligan a cambiar la actividad en una estancia, debemos seguir utilizando todas y cada una de ellas como lo hacíamos normalmente. Por supuesto, esta indicación no será válida para el dormitorio, lugar en el que si se produjera la fenomenología deberíamos evitar pernoctar.

6. Positivizar energéticamente las acciones

El *poltergeist* es un fenómeno anómalo, energético y parapsíquico, por lo que insistimos nuevamente en que la psique juega un papel primordial en él. Así, la actitud mental y las proyecciones energéticas y psíquicas que pueda realizar quien habita en la casa son muy importantes. Por ello, si quien padece el fenómeno es creyente, puede rezar, efectuar sus oraciones y peticiones a las energías que considere más convenientes. Si la persona no es creyente pero mantiene ciertas afinidades con ciertas prácticas meditativas o de visualización, no debe dejarlas de la mano, generando nuevos campos de energía a partir de cuadros mentales, sesiones de relajación, visualización y meditación interior. Ésta será la mejor forma de positivizar la vida de forma transitoria mientras acontece el fenómeno.

Con ejemplos y directrices como las referidas, posiblemente no solucionaremos el *poltergeist*. Ya hemos comentado que quizá sea interesante que lo dejemos en manos de expertos, pero mediaremos entre él y nosotros haciéndolo más llevadero.

ENERGÍA Y VIBRACIÓN

«El que es prudente es moderado;
el que es moderado es constante;
el que es constante es imperturbable;
el que es imperturbable vive sin tristeza;
el que vive sin tristeza es feliz,
luego el prudente es feliz.»
Séneca

Para comprender correctamente tanto las vibraciones negativas como las positivas que oportunamente abordaremos en los siguientes capítulos, consideramos que es necesario intentar bucear aunque sea someramente en la generación y expansión de la energía. De esta forma podremos entender mucho mejor todos esos fenómenos que ocurren en nuestras casas. Son aquellos que hacen que cuando entramos en ellas nos invada una ola de dolor y desesperación o, por el contrario, que nos sintamos en tanta sintonía que no deseemos abandonarla bajo ningún concepto.

Decíamos con anterioridad que todo es vibración y, por tanto, todo es energía. Es evidente que el concepto «energía» variará mucho en función de quien hablemos. Pero desde un punto de vista esotérico y humanista, que es en definitiva el que nos interesa, debemos definir la energía como aquella «entidad» aparentemente invisible e intangible que es capaz de obrar acciones y como consecuencia producir reacciones.

La mayoría de los investigadores de las temáticas iniciáticas, esotéricas o místicas, coincide en afirmar que la energía, y por extensión la vibración, están en todas partes. Mesmer, padre de la teoría del fluido del magnetismo animal, indicó en sus tesis que todo ser vivo, animado o no, destilaba un fluido, una esencia que los otros podían captar. Para Mesmer, muchos de los problemas que tenían relación con la salud y con el estado anímico de una persona estaban directamente relacionados con el buen o mal funcionamiento de su energía o fluido.

En la actualidad está bastante aceptado que las vibraciones y actitudes de la vida, esto que ahora se denomina buen o mal «rollo», afectan a nuestra psique, a nuestro funcionamiento cotidiano y por extensión al pensamiento.

Pero para entender mejor el concepto energético y comprender así hasta qué punto puede afectar a la cotidianidad, resumamos en un punto la verdadera trascendencia de la energía. Así pues, la energía sería «el todo». Matizando este «todo» diremos que la energía es lo que somos, lo que decimos, lo que pensamos, lo que hacemos, lo que vivimos, lo que soñamos y hasta lo que callamos, ocultamos o negamos. La energía es ese «ser» invisible y muy complejo de captar que nos puede alegrar un día o torcerlo definitivamente. Es esa «entidad» latente y presente en todos los lugares del mundo en los que desarrollamos una parte de la vida. La energía es también el «rastro» que dejamos al pasar por un lugar, al emitir un veredicto, al comunicar una ilusión o un sueño. En definitiva, es todo.

Como es lógico, para muchas personas la energía que es «todo» podría ser Dios. Es una hipótesis más de trabajo, especialmente si partimos de la base de que dicho Dios, con independencia de creencias y cultos religiosos, estaría en todas partes manifestado en todas las cosas. Pero volvamos a nuestra pregunta inicial, ¿de dónde surge la energía? Posiblemente si le preguntamos a un espiritista, nos dirá que de la divinidad y del alma de los que ya no están. La respuesta que nos dará un chamán es que la energía surge de los animales, las plantas, las piedras y la madre Tierra, una respuesta muy similar a la que nos daría un druida. Por su parte, cambiando los nombres y la terminología, los prelados de las diferentes religiones nos conducirían directamente a sus dioses como fuente de la energía que estaría, nuevamente, en todas partes.

Desde un punto de vista práctico pero al tiempo humanista y esotérico que nos ayude en la tarea de llegar a comprender el fenómeno de las casas encantadas y encantadoras, estableceremos los siguientes parámetros de producción energética:

1. Fuentes locales

Entenderemos como locales aquellas zonas del planeta que por su disposición en el globo, por sus corrientes de líneas telúricas y en definitiva por su ubicación, emanan una serie de vibraciones que son susceptibles de ser captadas y de afectar a quien las recibe. Destacaremos como más importantes:

- El cruce de algunos caminos en la naturaleza.
- Algunas cuevas, zonas de montaña y valles que están en sintonía con lugares telúricos.

- Casas o construcciones que han sido erigidas sobre un cruce de líneas de energía o diseñadas especialmente para captar y redistribuir la energía.
- Determinados espacios artificiales o naturales que han tenido la capacidad de condensar y reproducir misteriosamente la energía que se ha manifestado en ellos.

2. Fuentes naturales

Para poder diferenciarlas de las puramente humanas, destacaremos que son aquellas emanaciones que se producen sin que el ser humano tenga relación directa con ellas aunque las puede influenciar. Destacan entre ellas:

- La energía emergente de los árboles, en especial de los tilos, robles, avellanos, tejos y sauces.
- La energía de aquellas plantas que pueden afectar en el entorno, como es el caso de algunos cactus y plantas aromáticas: la ruda, la albahaca, el hinojo, etc.
- La energía que pueden emitir o regular determinados animales, en especial perros, gatos y loros.
- La que se desprende de algunas piedras y minerales, destacando entre ellos el sílex, los cuarzos y el oro.
- La que genera y manipula ciertos vientos huracanados y los tipo «tramontana», que puede dar como resultado la producción de estadios depresivos o excesivamente eufóricos.
- La que se genera a través de la ionización mediante la lluvia y que suele provocar alteraciones en los estados de ánimo.

3. Fuentes humanas

Seguramente, de todos los tipos de energía que existen éste es el que nos resultará más familiar. Por lo general se la denomina vibracional y posee diferentes fuentes de producción, al margen de ser la energía que toda persona desprende. Encontramos en este grupo:

1. Energía del inconsciente

Es la manifestación energética y vibracional que emitimos durante todo el día sin tener conciencia de ella. Esta energía vendría provocada por los procesos automáticos de nuestro subconsciente en su «reorganización de datos». Es una de las que al parecer afecta más al entorno, ya que es emitida pero también captada de forma involuntaria. Para algunos expertos, se trata de una vibración altamente contagiosa que lejos de ser individual y personalizada, podría formar parte de lo que Jung denominó «inconsciente colectivo».

2. Energía del pensamiento

Es la que generamos cada vez que emitimos un pensamiento. Tanto si se trata de una acción retrospectiva enmarcada en el pensamiento como de una actividad proyectiva de imaginación o establecimiento de nuevos planes, el pensamiento se manifestaría a través de diferentes frecuencias de onda cerebral que podría afectar al entorno.

Quienes estudian la fenomenología del desarrollo de lo psíquico y de la conciencia afirman que este tipo de energía es en buena parte responsable del funcionamiento en nuestra vida cotidiana. De esta forma, dicha energía sería, en parte, responsable de las vibraciones que una persona emitiría en su entorno, haciendo que pudiera llegar a tener un día muy dichoso o muy nefasto. Esta manifestación energética sería también la responsable de la generación del denominado «vampirismo psíquico», fenómeno por el cual una persona de gran fuerza o sensibilidad psíquica absorbería la energía de otra.

3. Energía de la acción

Cada vez que nos movemos, que actuamos en la dirección que sea, estamos ejerciendo una influencia energética en los demás. Esta influencia pude provocar que una persona esté incómoda o feliz en nuestra presencia.

Este tipo de energía sería el que destilaríamos a partir de acciones como tener una discusión, un acto de amor, etc.

4. Energía verbal

Se trataría de la emanación vibracional y energética que manifestamos cuando hablamos, no sólo con el contenido de nuestros mensajes sino también a través del tono que empleamos en ellos. Todas las corrientes insisten en afirmar que en función del contenido y tono de nuestras palabras podemos obtener uno u otro resultado.

Podemos poner como ejemplo de manifestación de energía verbal el de aquellas personas que cuando caen enfermas se están quejando continuamente de lo mal que lo pasan, en contraposición de aquellas otras que prefieren positivizar su enfermedad restándole importancia aunque la tengan en consideración. En general, los primeros sufren mayor gravedad tanto física como emocional en sus tránsitos de salud con respecto a los que energéticamente manifiestan la positividad.

La importancia que tienen las palabras y el tono en las manifestaciones energéticas es vital. Baste recordar que en casi todas las tradiciones místicas y religiosas, la palabra se ha usado como signo de elevación, ya sea mediante el canto, la oración o la invocación. Todas las creencias han valorado la importancia del sonido en sus cultos, hasta el punto de que lo han investigado y trabajado para alcanzar elevados estadios espirituales.

Sin duda, como veremos oportunamente, serán los mantras e invocaciones entonadas los que nos presten gran ayuda a la hora de purificar, limpiar o energizar una casa infectada.

5. Fuentes artificiales

Son las que padeciendo la acción directa del ser humano generan una vibración. De todas formas, no debemos confundirlas con las vulgares fuentes de energía que el hombre en sus expansiones industriales ha logrado desarrollar. Las fuentes de energía vibracional artificial pueden producirse por:

- La utilización de objetos musicales, en especial los tambores y las flautas, también los gongs y cuencos. De igual forma, esta energía puede producirse a partir de melodías inductivas reproducidas por cualquier sistema.
- El empleo de determinados generadores vibracionales como los ionizadores y purificadores del ambiente.
- La utilización de mandalas o gráficos de carácter inductivo o sagrado como símbolos religiosos o elementos de culto.
- El empleo de utensilios de carácter mágico o sagrado como velas, amuletos, talismanes, reliquias religiosas o elementos de fetichismo.
- Condensación energética en lugares artificiales creados por el ser humano y en los que la actividad que se desarrolla genera una masiva producción de vibraciones, como templos, cementerios, hospitales, etc.

Como hemos visto, son muchas las posibilidades que nos da la energía a la hora de manifestarse. Hemos podido comprobar también que no todo viene mediatizado por la existencia espiritual, sino por algo que es mucho más humano.

En el capítulo siguiente tendremos la oportunidad de ver y comprobar cómo las vibraciones humanas crean «suciedad psíquica», pero a modo de experimentación y de test, sugerimos al lector que tras la lectura de este capítulo confeccione una lista. En ella deberá incorporar aquellos elementos que considere nocivos para su buena armonía y a continuación los que crea que son positivos. De esta forma, cuando haya problemas o malas vibraciones podremos subsanarlos. Por otra parte, no siempre es necesario esperar a la producción de los problemas; ya sabemos que muchas veces es más fácil prevenir que tener que curar.

La lista que podemos denominar «de las energías» debe incluir definiciones de aquello que creemos que nos hace sentir bien o mal. Por ejemplo, supongamos que alguien que es amante de la música gregoriana, la cual le da mucha paz, escribirá en la lista: «Sensación de paz = música gregoriana». Ello no quiere decir que a todo el mundo el canto gregoriano le dé paz, pero si al morador de una casa le sirve para purificar su energía, seguro que las visitas que tenga en ella, aun cuando la música gregoriana no esté sonando en ese momento, se sentirán mucho más cómodas.

Evidentemente, confeccionaremos la lista sin prisas, con tranquilidad y generando una buena armonía en el entorno. La improvisación y la presión del horario sólo servirán para entorpecernos.

ENERGÍAS Y VIBRACIONES NEGATIVAS HUMANAS

«Un hombre que tiene el alma hermosa tiene siempre cosas hermosas que decir; pero un hombre que dice cosas hermosas, no tiene necesariamente el alma hermosa.»
CONFUCIO

«Todo hombre es como la Luna: con una cara oscura que a nadie enseña.»
MARK TWAIN

Cada vez son más las personas que aseguran percibir anomalías en las casas. Son fenómenos que nada tienen que ver con los denominados fantasmales o de *poltergeist*. Son hechos de vibración ante los que no se sabe muy bien cómo actuar. *«Personalmente, cada vez que entro en esa casa percibo una angustia muy profunda. Es como si algo me estuviese oprimiendo el corazón y no me dejase respirar. Sus habitantes son simpáticos, mantienen un buen trato con las visitas, pero allí hay algo que no funciona.»* Estas afirmaciones las hacía Clara H. T. en su visita a un geobiólogo al que acudía para intentar comprender por qué su hijo padecía profundos dolores de cabeza cada vez que visitaba la casa de un compañero de escuela. La investigación dio como resultado que dicha vivienda estaba impregnada de una fuerte fuerza psíquica negativa que afectaba a los niños y a las personas dotadas de una gran sensibilidad.

A través de los capítulos anteriores hemos tenido la oportunidad de conocer uno de los fenómenos más peligrosos, complejos e interesantes de la fenomenología mal llamada «espírita». Son los casos de las casas fantasmales y más concretamente los derivados de aquellas en las que se producen los *poltergeist* que han aparecido de una u otra forma en todo el mundo.

Ya hemos comentado que una casa fantasmal no necesariamente debe estar presidida por el mal y, por supuesto, ello es extensivo a un *poltergeist* que, pese a su espectacularidad, no tiene por qué ser siempre nocivo. Sin embargo, pese a toda esta inocuidad, pese a toda esta buena disposición, hay casas en las que la vibración, la armonía, la energía, no funcionarán como sería deseable. Realmente hay, como hemos podido comprobar, casas malditas y recintos perniciosos en los que la energía y la alteración psíquica es tan fuerte que provoca dolencias de todo tipo y alteraciones emocionales muy fuertes. Son las denominadas energías y vibraciones negativas humanas.

A lo largo de este capítulo iremos analizando algunos de los hechos que pueden provocar que una estancia, una casa o una oficina acabe padeciendo fenómenos de infestación o de negatividad. Sin dejar totalmente de lado los recintos, podremos comprobar que muchas veces la influencia no viene de la ubicación del lugar, sino de la energía, actividad y pensamientos que se dan en él. En este caso tenemos que hablar de actitudes, de personas y de emociones, ya que como hemos podido comprobar en el capítulo precedente la energía y la vibración pueden manifestarse de muchas formas.

LA PRODUCCIÓN DE LA SUCIEDAD

Un día en la vida de un ser humano es lo más parecido a un gran cóctel en el que se mezclan las ilusiones, las frustraciones, los rencores y las envidias con la paz o los momentos gratos. Desde que nos levantamos por la mañana hasta que terminamos nuestro día por la noche y también durante el período de sueño, estamos en continua emisión y recepción de energía y vibración que sin lugar a dudas afectará a nuestro entorno.

La suciedad psíquica es ese rastro que nos acompaña allí por donde pasamos o que «capturamos» de forma involuntaria al llegar a un lugar determinado. Como en el caso mencionado al inicio de este capítulo, puede que lleguemos a una casa donde todo parece normal, donde sus habitantes son muy simpáticos, atentos y educados, pero ello no es garantía de que nuestra estancia, a veces muy breve, sea grata e inocua. Veremos seguidamente de qué manera se puede producir la suciedad psíquica.

1. Sentimientos y emociones negativos

Somos un cúmulo de emociones y algunas de ellas pueden generar bloqueos y hasta enfermedades. Personajes de la talla de Goleman han puesto al descubierto con sus investigaciones que quien no comprende sus emociones o no sabe cómo canalizarlas suele tener más problemas a la hora de triunfar en la vida que quien realmente se esfuerza por comprenderse no sólo a sí mismo sino también a los demás. A grandes rasgos, los pensamientos y emociones que pueden producir campos de alteración energética negativa son:

- Los sentimientos y emociones derivados de traumas infantiles que todavía no hemos superado y que de vez en cuan-

55

do afloran a nuestra vida, ya sea mediante el recuerdo o las pesadillas en el sueño.

- Sensaciones y pensamientos relativos a la soledad y con ello a la falta de autoestima. No hay peor energía en una casa habitada por una sola persona que la de un morador que se siente abandonado por el mundo o no querido por él.

- Los pensamientos derivados del odio o del rencor, ya sea por situaciones o por personas con las que el entendimiento no es factible o con las que se ha vivido un altercado de cualquier tipo.

- Las emociones negativas como el miedo, la inseguridad o, ya en un estado más violento, la ira, el rencor o los sentimientos de venganza.

- Los sentimientos de falta de autoestima en el trabajo, los que nos hacen creer que no servimos para nada, que somos unos inútiles o que nadie nos valora como merecemos.

- Los sentimientos de inseguridad, dolor y hasta celos en el mundo de la pareja. Las sensaciones de no ser importantes para el otro/a, desconfiando de él/ella hasta el punto de poder llegar a odiarlo/a.

- La desconfianza o los sentimientos de manipulación que experimentan muchas personas que creen que los demás les utilizan para lograr sus propósitos.

NOTA:

* Como es evidente, muchas personas tienen estos sentimientos de forma puntual en su vida. Una cosa es vivir la emoción o la sensación durante un tiempo y otra bien distinta y ya peligrosa es mantenerla y reiterarla con cierta frecuencia.

* Cuando hemos padecido aspectos como los mencionados, lo primero que debemos hacer es intentar comprender qué ha pasado y averiguar qué es lo que nos ha hecho sentir así. Un siguiente paso muy interesante sería valorar, con la má-

xima sinceridad, para qué nos sirve todo ello y si realmente nos resulta benéfico. La mejor manera de paralizar una situación ingrata, superarla e incluso integrarla a nuestro organismo físico y mental será dándonos cuenta de la gran cantidad de energía que gastamos en un sentimiento negativo y el daño que éste puede provocarnos.

2. Actitudes negativas

Muchas veces nos parece actuar con normalidad o justificamos ciertas acciones por la tensión o la inquietud del momento. Sin embargo, también somos aquello que realizamos.

Un mal gesto hacia la vida o hacia un trabajo, un desprecio, una acción de violencia provocada por un disgusto es más que suficiente. Veremos seguidamente qué acciones son las generadoras de campos de energía negativos, tanto en las casas como en los lugares de trabajo.

- La realización de un encargo laboral o doméstico con desgana y profunda repulsa, generando en su realización acciones que denoten odio, rencor o animadversión por quien nos lo ha requerido.
- La ejecución de actos de tipo familiar, doméstico o laboral pensando en la poca valoración que va a tener el hecho de realizarlos o pensando que ni nos lo reconocerán, ni sabrán valorar el esfuerzo realizado en los mismos.
- Cualquier acción que se ejecute con violencia física, con rabia o rencor, ya sea proyectando éste en las acciones físicas que realizamos o mediante pensamientos o imprecaciones que denoten negatividad.
- Llevar a cabo acciones con desinterés y apatía, pensando sólo en la desgracia que nos acompaña o en la injusticia en la que estamos sumergidos al efectuar aquella acción.

- Cuidar a una persona pensando en que nos está haciendo perder el tiempo o culpabilizándola de impedirnos realizar otras actividades que nos resultarían más gratas o productivas. Cuando generamos acciones de este tipo, no sólo estamos produciendo una negatividad en el ambiente, sino que también estamos dirigiendo nuestra energía y vibración negativa a la persona que nos acompaña.
- Vivir una enfermedad con desprecio por nuestra debilidad, por quienes nos cuidan o por el tratamiento que estamos efectuando. Este hecho no sólo nos afectará de manera que seguramente tendremos una recuperación más lenta, sino que además generará un campo de vibración negativa que minará nuestro campo emocional durante mucho tiempo después de haber logrado el reestablecimiento.

NOTA:

* Cuando nos suceden hechos como los destacados, no sólo estamos generando una negatividad vibracional mediante el pensamiento o las palabras que utilizamos. Al mismo tiempo estamos dificultando la buena realización del acto que posiblemente estamos cargando de efluvios que afectarán a la persona o al lugar en el que nos encontramos. Poniendo un sencillo ejemplo, quien esté dotado de una gran fuerza psíquica y esté recogiendo la ropa de la colada con rencor y rabia, está impregnando las prendas con su dolor y su angustia, de modo que otros podrían captarlos y padecerlos.
* Cada vez que realizamos una acción con disgusto o animadversión, estamos generando un recuerdo en la memoria que si no sabemos encauzar correctamente puede provocarnos pesadillas, alteraciones de sueño o nuevas sensaciones de malestar cuando repitamos la acción.
* La mejor manera de suprimir una parte de negatividad en las acciones es hacer saber a las personas afectadas nues-

tro descontento. De esta forma, si a través del diálogo podemos hacer fluir una parte del bloqueo energético, éste será menor cuando pasemos a la acción.

* Un segundo sistema para trabajar las acciones que nos disgustan es saber que las realizaremos, pero que intentaremos no pensar en ello mientras las llevamos a cabo. De este modo nos buscaremos formas de distracción para que nuestra mente, pese a la rabia o dolor, esté ocupada en trivialidades.

3. La oscuridad de las palabras

Si las emociones y las acciones pueden generar campos alterados de negatividad, las palabras, no ya en una discusión sino simplemente pronunciadas en voz alta o internamente, nos pueden afectar. Veremos seguidamente algunas de las frases y palabras que más pueden perjudicarnos:

• Las palabras que empleamos en las discusiones y peleas y que tienen una gran carga peyorativa de odio o rencor. Dicen los expertos en magia que el mejor conjuro de todos es aquel que se pronuncia con auténtica convicción y desde lo más profundo de nuestro corazón. Y, desde luego, cuando discutimos o estamos muy alterados, lo que decimos tiene mucha más fuerza que un simple comentario sobre el mal día que hace hoy y lo mucho que ello nos fastidia.

• Las palabras, sensaciones y pensamientos que sin ser hirientes u ofensivos forman parte de nuestros argumentos y guardamos o tergiversamos por temer a terceras personas o por pensar que no nos comprenderán. Estas palabras y argumentos quedarán inertes en nuestro interior. No las hemos pronunciado, pero han pasado por nuestro cerebro en forma de idea y quizá la mente nos pase factura de ellas mediante sensaciones de ingratitud, fracaso o dolor.

- Todas aquellas palabras que utilizamos para descalificar a los demás, como los insultos o los términos hirientes y ácidos que en lugar de procurar una conversación constructiva tienen por objetivo atacar y destruir.

- Las palabras que usamos para quejarnos nosotros mismos cada vez que algo de lo que realizamos nos sale mal, nos disgusta o consideramos que es una pérdida de tiempo.

- Los términos que denotan falta de autoestima, falta de confianza en uno mismo o desprecio hacia nuestro carácter o personalidad.

- Frases como: «Siempre fracaso», «No sirvo para nada», «Todo es culpa mía», «Nadie me comprende», «Estoy harto», «Esto es una pérdida de tiempo», etc.

NOTA:

* Conviene tener presente que una palabra, un vocablo o una frase que convenientemente se repite en un estado determinado puede ejercer tanto en el emisor como en el receptor el mismo efecto que un mantra. Así, igual que un mantra nos ayuda a canalizar la energía y a tener vivencias de positividad y armonía, las palabras pueden provocarnos todo lo contrario.

* Quien siempre dice «todo sale mal» acaba por ver, sin comprender muy bien por qué, que casi todo le sale de modo diferente al programado. Es evidente que ya que disponemos del lenguaje debemos usarlo en todas las direcciones, pero el lenguaje repetitivo y obsesivo puede generar muy malas vibraciones en el ambiente en el que nos encontramos.

* La mayoría de los de expertos en vibraciones y terapeutas sugiere que, si bien debemos quejarnos y lanzar nuestro rencor al espacio, inmediatamente después debemos rectificar pronunciando palabras que reconduzcan la energía.

De esta forma podemos decir: «Estoy harto. Siempre es igual...», y complementar dicha frase con: «Bien, ahora que ya he sacado mi enfado, sé que siempre es igual, pero me esforzaré por cambiarlo para que no me afecte». Las frases de compensación no anulan a las que ya hemos pronunciado después de un terrible enfado, pero nos ayudan a limpiar nuestra mente y a que no caigamos en el error de la obsesión por las adversidades.

CÓMO ACTÚA LA NEGATIVIDAD

Todos los puntos referenciados con anterioridad tienen un efecto. En ocasiones es lento y prácticamente imperceptible, pero otras veces mina poco a poco una estancia. Estos son los efectos que deberían hacer saltar la señal de alarma como indicativo de que algo no marcha bien.

1. Sensaciones de desorientación

Suelen venir marcadas por la apatía y el desinterés. Los afectados saben que deben realizar una serie de tareas o quehaceres. Sin embargo, no encuentran ni las fuerzas ni la motivación para ponerse manos a la obra. Es muy significativo que lo que desde siempre nos había interesado de repente pierde fuerza o valor y pasa a convertirse en algo trivial y sin aliciente.

2. Desorden y descontrol

Se trataría de una ampliación del caso anterior. La persona, además de no poseer ni las ganas ni la fuerza, no sabe por dónde tiene que empezar. Le cuesta organizarse y marcarse una serie de prioridades para el buen desarrollo de su trabajo o actividad. Dentro de este desorden cabe resaltar el que también se produce a medida que se van realizando las acciones.

3. Paralizaciones repentinas

El ritmo de lo cotidiano se altera. De pronto la persona afectada siente que debe parar su actividad simplemente para divagar o no hacer nada. Necesita cerrar sus ojos, dormir a todas horas. En estos casos suele perder el tiempo en cosas innecesarias y cualquier excusa es buena para levantarse de su puesto de trabajo o de la dependencia en la que se encuentra. Estas paralizaciones repentinas vienen acompañadas de sentimientos de inseguridad, malestar y ocasionalmente de irascibilidad.

4. Caos en el hogar o el trabajo

La frecuencia con que hasta ahora se realizaban las acciones domésticas cotidianas se paraliza y todo se aglutina. En las casas de los afectados la nevera parece un desierto, las habitaciones están desordenadas y puede haber montones de ropa por lavar o guardar. La suciedad que provoca el desorden puede acabar por convertir la casa en un campo de batalla en el que pese a todo el afectado no parece sentirse incómodo ya que se ha integrado a esta nueva normalidad.

Respecto al trabajo, la empresa empieza a ser un cúmulo de problemas, asuntos pendientes, reclamaciones, etc., y los trabajadores parecen no dar abasto con los temas pendientes ni con lo que exigen las circunstancias. Aparece el absentismo laboral.

5. Oscuridad latente

Dejando a un lado lo luminosamente natural que pueda ser una casa en base a su orientación, la vivienda tiende a oscurecerse. Sus moradores se sienten atraídos por la oscuridad, ya que al parecer les sume en un mundo que consideran protector y cálido. Las luces artificiales son las mínimas y la decoración parece teñirse de tonos oscuros. A los habitantes de la casa les puede comenzar a molestar la luz y la claridad del día. En algunos casos se cambia la actividad cotidiana manteniendo mucha más vivacidad y actividad durante la noche que durante el día.

6. Roturas y averías

Numerosos expertos aseguran que las viviendas tienen alma y que se comunican con sus moradores a partir de señales que vienen traducidas en averías y roturas. Lo cierto es que en las casas que la energía dominante parece ser la negativa o perturbadora, de pronto las cosas empiezan a estropearse como por arte de magia.

Los habitantes de la casa tienen una mayor tendencia a padecer pequeños accidentes domésticos: se cortan, se golpean, tropiezan o resbalan, los objetos se les caen de las manos con mayor facilidad y todo se rompe. Por otro lado, los electrodomésticos y pequeños aparatos eléctricos dejan de funcionar o se averían de forma casi continua. En las empresas es muy significativa la avería de los ordenadores y el fallo reiterado de las líneas telefónicas.

En algunos casos la vivienda destila humedad, las capas de pintura de las paredes se agrietan y los muebles tienen una mayor tendencia a crujir.

7. Aparición de enfermedades

Los miembros de la casa o de la oficina, que suelen ser siempre los más sensibles, se ven afectados por dolencias reiteradas. Por lo general, las más acusadas, al margen de la alteración nerviosa y el estrés, son dolores de cabeza, migrañas, problemas digestivos y picores. En menor medida suelen sufrirse sudoraciones, ataques de alergia y estreñimiento.

8. Agresividad e incomodidad

La manifestación de las energías negativas da como resultado que las personas se vean afectadas por una irritación en su carácter. Se sienten incómodas en casi todos los lugares de la casa, en especial en aquellos en los que la perturbación es más notoria. Al margen de la incomodidad en su persona, acostumbran a discutir más de la cuenta, tienen respuestas que pueden ser ofensivas y pueden llegar en casos puntuales a la violencia física y hasta a la autolesión.

Cabe clarificar que esta agresividad e incomodidad se manifiesta también en plantas y animales. Las primeras pierden el brillo de sus hojas, mengua su coloración y la mayor parte de las veces mueren. Los segundos presentan signos de nerviosismo y hasta agresividad.

9. Manifestaciones de fenómenos paranormales

Cuando la energía condensada es muy fuerte o cuando los afectados son personas muy sensibles, puede darse el caso de la aparición de fenómenos anómalos como los descritos en el apartado correspondiente. De manera ocasional, dichos fenómenos se manifiestan con mucha virulencia y de forma espontánea y lo habitual es que lo hagan poco a poco. Los más comunes son sonidos o ruidos cuya fuente es imposible identificar, corrientes de aire injustificadas y la producción de olores desagradables.

SÍNTOMAS QUE DEBERÍAMOS TENER EN CUENTA

Muchas veces, el ritmo de lo cotidiano hace que las personas se acostumbren a lo que está pasando en sus viviendas o puestos de trabajo, de manera que terminan por creer que hechos como los mencionados en los puntos anteriores no son más que una mera casualidad o un fenómeno temporal.

Advierto que la mínima sucesión de averías o el hecho de pasar unos días de cierta tensión no tiene que ser señal inequívoca de que nuestra casa está siendo influida por un mal de ojo o por una perturbación espiritual ni que es víctima de un *poltergeist*. Ahora bien, descartaremos algunos de los hechos o señales que nos deberían dar que pensar. Son éstos:

- Producción de olores extraños que no puedan ser justificados. En ocasiones, en lugar de ser pestilentes pueden ser aromas fragantes de flores.
- Dolores de cabeza muy fuertes que aparecen de forma repentina, desapareciendo de nuevo y que se reiteran cada vez con mayor intensidad durante todo el día.
- Padecimiento de estados depresivos sin justificación aparente. Sufrimiento por las personas que nos rodean y a las que, sin embargo, ningún peligro parece acechar. Ansiedad, miedos y hasta pánicos.
- Producción de continuas discusiones a la menor ocasión.
- Actos de rebeldía, desprecio y hasta violencia sin motivo alguno.
- Reiterados desarreglos hormonales y cambios muy repentinos de estados de humor.
- Dificultades en conciliar el sueño, padecimiento de pesadillas o ciclo del sueño alterado y muy intranquilo.
- Sensaciones de sequedad en la boca que no puedan relacionarse con la alimentación.

- Dolor de ojos, dificultad temporal en enfocar los objetos y lagrimeo muy frecuente.

Quisiera aclarar que todo lo referido en este capítulo debe medirse por un justo rasero. Hay muchas personas que son altamente influenciables y pueden pensar que por alguna de las circunstancias aquí detalladas están siendo víctimas de la energía de una casa maldita o están padeciendo anomalías energéticas. No siempre es así.

Concluíamos el capítulo anterior con una llamada de atención y un sencillo ejercicio para analizar y observar nuestro entorno. En este capítulo hemos visto algunas de las causas y actos que pueden indicarnos que las cosas no funcionan del todo bien, pero insistimos: antes de efectuar una valoración, es preciso analizar con mucha sangre fría.

Si el lector cree que está sufriendo algún fenómeno de infestación lo primero que debe hacer es tomar nota de él. Para ello, lo mejor será repasar los puntos descritos en las páginas precedentes y con un gran sentido crítico anotar cuáles de ellos se han producido con cierta frecuencia durante los últimos tres días. Acto seguido, anotaremos cuáles se han producido en el último mes. Finalmente, debemos establecer una lista de los que creamos que se han producido en el último trimestre. Una vez hayamos terminado el informe, debemos ver y valorar sólo aquellos que se han repetido en los tres ciclos analizados.

Una vez que tengamos determinado lo que «falla» durante los tres ciclos de análisis, comenzaremos por aquel hecho que nos parezca más fácil de abordar y analizaremos si creemos que hemos sido partícipes en él de forma directa o si sólo se ha tratado de un fenómeno circunstancial en el que nada teníamos que ver. De ser así, lo desecharemos.

Si pensamos que hemos tenido algo que ver con el fenómeno o incluso que hemos sido los responsables de su producción, actuaremos con mucha tranquilidad. Para empezar nos preguntaremos qué podemos hacer por solucionarlo y seguidamente revisaremos los capítulos correspondientes para ver de qué manera podemos atajar ese problema. Una vez hayamos evaluado las diferentes soluciones, nos decantaremos por una sola de ellas. Sólo en el caso de que no funcione pasaremos a emplear más de una a la vez.

LAS CASAS ENCANTADORAS, QUE NO ENCANTADAS

«Pienso en su buena suerte con alegría y después con dolor, porque en esta vida no es bueno ser demasiado afortunado. El aire y la tierra abundan en espíritus malignos que no pueden sufrir la felicidad de los mortales.»
PEARL S. BUCK

Hay viviendas que, decoraciones al margen, parecen ser un auténtico remanso de paz. Transmiten una vibración especial que hace que quien vive en su interior, problemáticas cotidianas al margen, conozca la «eterna tranquilidad». Se trata de casas con atrapadera, de aquellas en las que uno sabe cuando entra pero de las que difícilmente desea salir.

Es indudable que la disposición, orientación y decoración hace mucho en una casa, hasta el punto de que nos puede parecer más cómoda o agradable. Pero en la exquisitez, diseño y combinación de mobiliario y tonalidades no siempre está la buena armonía. De la misma forma, un remanso de paz no pasa exclusivamente por prender una serie de inciensos, ventilar convenientemente la casa y dotarla de unas dosis de música sacra. Una casa encantadora posee algo más.

Si nos centramos en la fenomenología más parapsicológica, veremos que a lo largo de la historia encontramos documentos y testimonios que nos hablan de la existencia de casas poseídas por entidades buenas y agradables que eran capaces de transmitir a los moradores de aquel hogar una serie de sensaciones de paz y armonía casi mágica. Si nos decantamos hacia los fenómenos místicos y religiosos, comprobaremos que en determinados templos la paz y serenidad son absolutas. ¿Dónde está el misterio?

Seguramente, si trabajamos un poco en armonizar nuestra casa mediante el cuidado de los colores, la buena combinación de los elementos, siguiendo las líneas telúricas y recurriendo a la magia para generar los ambientes mágicos necesarios, obtendremos como resultado una casa que puede empezar a ser diferente. Si a todo ello le añadimos la generación de buenas vibraciones en sus moradores y somos capaces de que los habitantes de la casa realicen una serie de pensamientos y acciones propiciatorias de la positividad, la casa encantadora todavía tendrá mucha más fuerza.

A lo largo de este capítulo veremos diferentes tipos de casas encantadoras, comprobaremos que es relativamente fácil encontrar las energías positivas que hay en nuestra casa y aprenderemos a dar un uso adicional a nuestra morada.

SINTOMATOLOGÍA DE LA CASA ENCANTADORA

Desengañémonos, en las casas encantadoras no se vive la eterna felicidad, pero sí en una disposición armónica que permite acercarse a ese bienestar que todo el mundo desea encontrar. Veremos ahora qué entendemos por una casa encantadora.

En general destacaremos que las casas encantadoras ejercen una atracción hacia las personas que las visitan o hacia sus moradores. Lo principal es su poder imán, el poder de atracción que provoca que en la mayoría de sus estancias se viva con mucho relajo. Ello no quiere decir que la actividad no esté presente, al contrario, una casa encantadora puede ser mucho más productiva que otra ya que el fluido energético es mejor.

Si hablamos de temas de salud, veremos que en las casas encantadoras sus habitantes raramente se enferman. No están inmunizados a las dolencias, pero resulta significativo comprobar que mientras la mitad de la población está padeciendo un constipado, gripe o ataques de alergia, ellos siguen sanos. Otro aspecto que hay que resaltar en temas de salud es el restablecimiento. Cuando un habitante de este tipo de casa enferma, vive su dolencia con mayor armonía y positividad, logrando así una curación si no más rápida sí más efectiva.

El descanso es otro de los puntos importantes. Puede que en una vivienda del tipo que estamos destacando se duerma quizá menos que en otras, pero el descanso es más efectivo. Claro que en personas muy sensibles sucede que la casa les puede provocar tal grado de relajación o de sueño que tengan incluso problemas para afrontar su inactividad.

Pasando a temáticas más emocionales, resaltaremos que las casas encantadoras nos permiten la fluidez de las ideas y el diálogo. Sus habitantes, que tienen problemas como todos los demás, discuten y plantean desacuerdos, pero acostumbran a tener una inclinación natural a buscar el lado constructivo y práctico de las vicisitudes y adversidades. Emocionalmente hablando, la vibración del ambiente hace que se cree un clima de confianza; tanto es así, que muchas veces resulta harto complejo desembarazarse de esas visitas que «pasaban por aquí» o que «se enganchan» más de la cuenta.

Si el deseo de positivizar es importante, el de proyectar y generar nuevas cuestiones no lo es menos. El motivo es muy simple. En las casas encantadoras sus moradores tienden al desarrollo de las ideas, los proyectos y las nuevas metas. Evidentemente, este fenómeno es bastante fácil de explicar: al existir una energía más sosegada y armónica, el bienestar es mayor y por tanto sugiere nuevos horizontes para la existencia. Los niños son almas muy sensibles y hay quien afirma que vibran en una sintonía diferente. Lo cierto es que su concepción del entorno es distinta a la de un adulto y por lo que a las casas se refiere veremos que su actividad es como la de cualquier otro niño, aunque rica en matices. Una muestra del poder de «imán» que posee una casa encantada es ver la cantidad de niños que pasan por ella.

Todos los niños, en determinadas edades, suelen tener un gran número de amistades, pero no todas se congregan en una misma casa. Sin embargo, cuando la vivienda posee ese «don» especial al que nos estamos refiriendo, los más jovencitos parecen tener una «predilección especial» para realizar sus reuniones siempre en una misma casa: aquella que da la armonía necesaria.

Dejaremos por un momento el concepto «vivienda» dentro del apartado de casa encantada para pasar al de «empresa». Cuando el recinto encantado es una empresa, es notorio ver a sus trabajadores en mayor armonía, con mejores instintos de superación, lejos de las adversidades que da determinado puesto de trabajo y realizando sus labores en una armonía que demuestra que la creación de un equipo es factible.

Lamentablemente, no todo puede ser una alfombra de flores sobre las virtudes de las casas encantadoras. Ciertamente, sus problemas son menores que los de otras y se refieren a la operatividad del exterior. En este sentido, y dado que los detallaremos a modo anecdótico, diremos que en una casa encantadora siempre suele haber visitas y la mayoría inoportunas. Es como si sus moradores la tomasen como suya. Es frecuente que en viviendas como las referidas el teléfono no deje de sonar. Siempre hay alguien al otro lado que desea explicar experiencias, dar opiniones y sobre todo concertar citas.

Otro de los problemas, especialmente para las personas muy sensibles, es la placidez. Cuando una persona extremadamente sensible y además dotada de un cierto grado de apatía entra en contacto con una casa encantadora, es como si se sumergiese en un plácido baño espumoso y caliente del que no se desea salir jamás.

La motivación de mencionar estos hechos es a modo de advertencia y de cara a las personas que deseen potenciar un cambio en su domicilio habitual para convertirlo en encantador. Deben saber que tendrán que aprender a convivir con una placidez y sosiego al que quizá no estén acostumbrados y, paralelamente, deberán luchar contra la inactividad de quienes se sentirán como en su casa aun sin estarlo.

HACER DE NUESTRA CASA UN RECEPTÁCULO CON IMÁN

Si bien en el capítulo siete ofrecemos abundante información respecto a cómo potenciar ciertas condiciones en nuestra vivienda, veremos seguidamente los requisitos básicos para que nuestra casa tenga, como se dice en el argot flamenco, «duende».

1. La vibración del sonido

Un buen método para purificar la vivienda y liberar una corriente de energía que purifique el ambiente es utilizando un gong. Lo menos importante del gong es su medida, si bien cuanto más diámetro posea mayor será el grado de influencia. La acción de purificación con el gong debería efectuarse como mínimo una vez a la semana, aunque lo recomendable es que el ciclo sea diario y siempre por la mañana.

1. Comenzaremos por abrir todas las ventas de la casa, de esta manera ventilaremos las estancias y renovaremos el aire.
2. Nos dirigiremos a cada una de las estancias y desde la puerta y en dirección a la ventana, daremos entre uno y tres golpes de gong en cada habitación.
3. Tras los golpes de liberación, cerraremos las estancias y seguiremos con el ritmo habitual, no estando de más que «ambientemos» la casa con alguna esencia aromática o mediante un poco de música relajante.

2. Uso de alfombras

Una antigua tradición de la magia afirma que no hay nada mejor que disponer de un buen felpudo en la puerta de entrada de la casa, de manera que al frotarnos los pies en él dejemos «fuera» aquello negativo que no deseamos que entre en el hogar. Este remedio podemos practicarlo en nuestra persona, pero puede resultar incómodo indicarlo a las visitas. Para compensarlo, prepararemos en el recibidor o en el pasillo que dé acceso a la casa una alfombra de armonía.

1. Emplearemos una alfombra normal y corriente de las que ya tenemos en casa. En caso de tener que comprarla, buscaremos una que sea de tono cálido. Esparciremos sobre ella una buena capa de hojas de menta que permanecerán encima de la alfombra no menos de dos horas una vez a la semana.
2. Realizado el proceso anterior, nos proveeremos de hilo de cobre que debe ser diez veces la longitud de la alfombra. Con la ayuda de una cinta adhesiva de doble cara, colocaremos el hilo de cobre en la parte trasera de la alfombra, de manera que quede distribuido a modo de espiral.

Con la simple acción anterior tenemos garantizado que el hilo de cobre y la energía aromática de la menta regularán las vibraciones de las personas que pasen sobre la alfombra, tanto si son del exterior como si son moradores habituales de la casa.

3. Recibiendo con armonía

Más allá de una pura costumbre social, recibir a las visitas y agasajarlas con un cóctel de bienvenida puede ser un hecho armónico y mágico a la vez. Este sencillo y en apariencia inoperante remedio permitirá que las buenas vibraciones se manifiesten en el hogar ya desde el primer momento del encuentro. El «bebedizo» debería servirse como norma inamovible de la casa. Como veremos se trata de un sencillo e inocuo preparado de zumos naturales.

1. Debemos disponer de dos peras maduras, una manzana dulce, un plátano, dos naranjas, una pizca de canela en polvo y unas hojitas de menta.
2. Envolveremos todos los ingredientes mencionados en un papel de color azul oscuro y sobre él colocaremos a modo de segunda capa de envoltorio otro papel de color verde. El tono azul calmará la mente y el verde dará armonía. Envolveremos el paquete con hilo de cobre. Dejaremos el preparado veinticuatro horas para que los frutos capten la vibración del color y del cobre.
3. Licuaremos todos los frutos y los serviremos en una copa o vaso apropiado que también habremos tenido envuelto con hilo de cobre y cubierto con una servilleta de color verde.
4. Serviremos el cóctel indicando siempre en voz alta el nombre de la persona a quien se lo ofrezcamos y pensando que es un regalo de bienvenida, de armonía y de paz.

4. El empleo de pirámides armónicas

Las formas piramidales parecen captar y redistribuir la energía de una forma especial. Si buscamos un poco encontraremos un buen número de tratados que nos hablan de sus propiedades, así como centros especializados en el trabajo con la denominada «piramidología esotérica».

En este caso, las pirámides nos ayudarán a mejorar las relaciones interpersonales, positivizando la energía del lugar en el que se encuentran. Para ello debemos contar con una pirámide de varillas metálicas que colocaremos en la sala en la que vayamos a reunirnos. Una vez tengamos localizado el lugar que consideramos más oportuno, orientaremos la pirámide alineada de norte a sur. Para que ejerza una mayor influencia sobre las personas que se encuentran en la sala, podemos escribir los nombres y apellidos de los congregados y situar el papel o cartulina bajo la pirámide, aunque la sola presencia del objeto suele ser más que suficiente.

DETECTANDO LA POSITIVIDAD EN EL HOGAR

A lo largo de este libro, el lector encontrará numerosos métodos para desarrollar la armonía y la positividad, y de hecho acabamos de ver alguno de ellos. Sin embargo, puede darse el caso de que ni queramos ni estemos en condiciones de realizar grandes modificaciones en nuestra casa. Pensando en ello, vamos a ver cuáles son las zonas que transmiten mayor positividad para poder aprovecharlas y si cabe potenciarlas sin realizar grandes cambios. Para ello seguiremos estas instrucciones:

- Antes de buscar las zonas óptimas de la casa a nivel energético, debemos purificar el ambiente y disgregar cualquier posible energía contaminante. Para ello recurriremos siempre al método de la ventilación y el gong, aunque también podemos emplear un cuenco del tipo tibetano.

- La mejor manera de encontrar una zona cargada de energía siempre será con los ojos cerrados, respirando muy lentamente y caminando paso a paso, a la espera de captar cualquier alteración energética a nuestro alrededor.

- Debemos pasear sin más por la casa, permaneciendo en pie o sentados en diferentes lugares a fin de percibir cambios de temperatura o estados de humor.

- Si en el momento de buscar la energía en un lugar determinado sentimos incomodidad, disgusto o dolores de cabeza y calor excesivo, interpretaremos que en dicha zona la energía está alterada. Una manera de comprobar si podemos desbloquearla será efectuando una limpieza con el gong, volviendo de nuevo al lugar para poder captar más sensaciones.

- Si cuando estamos captando energías, detectamos un lugar que nos da placidez, profundizaremos en dicho estado y veremos qué tipo de pensamientos nos vienen a la mente. Posiblemente hayamos encontrado un lugar positivo.

EJERCICIO DE CAPTACIÓN MANUAL

La práctica que desarrollaremos seguidamente es una ampliación de las anteriores. Se trata de alcanzar un estado de relajación óptimo para poder decodificar la energía que nos envuelve o que llega desde el suelo de una habitación.

Como es fácil de suponer, en las primeras prácticas será un tanto costoso obtener un buen resultado. Será el tiempo y la insistencia los que nos permitan determinar dónde está el tipo de energía que más nos conviene.

Para empezar, es preciso que el operador cree un código que podría ser de temperaturas. Cuando se trabaja con el código de temperatura, por lo general una temperatura agradable, tibia o caliente nos indica que estamos en una zona apta para el desarrollo armónico de la vibración. El caso contrario, la temperatura fría o húmeda, indicará que la zona debe ser purificada o que no es una buena zona armónica.

Algunas personas complementan el ejercicio con visualización de colores, de esta forma determinan un color para manifestar que la energía no es pura o positiva y escogen otro color para el caso contrario.

1. Comenzaremos la experiencia dirigiéndonos a un lugar cualquiera de la casa, por ejemplo el salón, ya que será una de las estancias en las que más tiempo pasaremos.

2. Apagaremos las luces o al menos procuraremos que la iluminación sea tenue. Si lo deseamos, podemos acompañar la experiencia con un poco de música de relajación o simplemente música clásica. Para no despistarnos en el desarrollo de la experiencia, desestimaremos aquellas melodías que incorporen cantos o letras que puedan distraer la mente.

3. En pie y con los brazos en cruz, con las palmas de las manos orientadas hacia el suelo, comenzaremos a respirar muy lentamente. Se trata de realizar unos ciclos respiratorios muy pausados, preocupándonos exclusivamente por el aire que entra y sale de nuestro cuerpo.

4. Cuando llevemos unos cinco minutos de ciclo respiratorio y la mente esté más preparada para la experiencia (al principio nos distraerá con pensamientos banales), será el momento de centrar la atención en las palmas de las manos, concretamente en el centro de las mismas.

5. Permaneceremos un par de minutos concentrados en dicho lugar y con la intención de captar la energía del recinto que

nos rodea, incluso del suelo. Para ello llevaremos a la mente la idea de los colores o los cambios de temperatura que hemos indicado con anterioridad.

A partir del punto 5, debemos proceder con el ejercicio sin caer en el error de crearnos expectativas que puedan llevarnos a engaño. Nos esforzaremos en captar la energía del recinto poco a poco. No tenemos prisa, sólo se trata de ver en qué lugares la vibración es mejor.

En aquellas zonas en que notemos perturbación, procederemos a realizar una limpieza a fondo. Por el contrario, aquellos espacios en los que notemos la persistencia de un ambiente armónico serán los que nos marcarán las zonas más apropiadas de cada recinto. Serán, por tanto, las que más debemos cuidar evitando que se perturben.

Sería interesante que en las zonas negativas nos apliquemos con especial esfuerzo en la producción de positividad, ya sea mediante el uso de perfumes, inciensos o decoración.

Con el tiempo y un poquito de práctica podremos determinar con ejercicios similares al anterior para qué son propias cada una de las estancias o los diferentes lugares en los que hemos captado energía positiva. El procedimiento será muy similar al anterior, consistirá en colocarnos en la zona que ya sabemos que es positiva y, después de concentrarnos, preguntarnos mentalmente: ¿Qué tipo de actividad debo desempeñar aquí? ¿Para qué sirve este lugar?

Después de la pregunta anterior, es posible que nos vengan a la mente imágenes, recuerdos, sensaciones o aromas que podemos relacionar con una actividad determinada. En el caso contrario, debemos ser nosotros quienes, dotados de un listado de actividades, preguntemos en voz alta por cada una de ellas hasta que percibamos una señal que nos indique cuál será la más adecuada.

Como apunte final a este capítulo, hay que indicar que, si bien las casas encantadoras existen, no son, en contra de lo que podamos creer a simple vista, un mundo paralelo a éste. Toda vivienda, toda construcción, puede retener en sus paredes el poder de la energía positiva y armónica, y es muchas veces el ser humano quien con sus acciones, pensamientos y descuido provoca que las canalizaciones no se hagan en la dirección adecuada. Por ello cabe insistir que cuando trabajemos en la casa, lo hagamos en el convencimiento de que en el fondo estamos trabajando por nuestra propia felicidad. De lo contrario, como dicen los magos, «el sortilegio podría no surtir efecto».

ENERGÍAS Y VIBRACIONES POSITIVAS HUMANAS

*«Todo fluye y refluye;
todo tiene sus períodos de avance y retroceso;
todo asciende y desciende;
todo se mueve como un péndulo;
la medida de su movimiento hacia la derecha
es la misma que la de su movimiento hacia la izquierda;
el ritmo es la compensación.»*
EL KYBALION

Antes de sumergirnos de lleno en la segunda parte del libro en la que el lector hallará todo tipo de remedios y procedimientos para regular, canalizar y positivizar la energía de su casa, destacaremos en este capítulo, aunque de forma muy somera, una serie de apuntes sobre las «otras» formas de producir energía y vibración positiva en una casa.

Si una energía descuidada y sucia puede llegar a infestar nuestra vivienda con fenomenología energética de todo tipo, hay que tener en cuenta que cuando sucede al revés, lógico será pues que las manifestaciones se decanten en otro sentido.

ASÍ SON LAS MANIFESTACIONES

Las investigaciones de la parapsicología actual nos indican que muchas veces aquella entidad que se manifiesta ante un médium o una persona en profundo estado de alteración de la conciencia no es más que un reflejo de la naturaleza del observador. Dicho de otro modo, quien posea energía negativa o grandes traumas y problemas presenciará demonios, espíritus negativos y espectros malévolos que le acosarán, perseguirán o molestarán. Por el contrario, la persona que tenga una armonía interior presenciará imágenes arquetípicas en sentido positivo. De esta forma podemos entender que, en determinadas fenomenologías, los manifestados sean ángeles, criaturas aladas, duendes de amor o espíritus casi divinos.

Si comprender la fenomenología y el desarrollo de un proceso de *poltergeist* era realmente importante, la producción de un fenómeno, digamos angélico, no lo es menos. Cuando la energía positiva se manifiesta, puede hacerlo de muchas maneras diferentes. Desde luego, quizá la mayor ansia es tener la oportunidad de ver una presencia angélica o espiritual, aunque ello no es fácil. Veremos cuáles son las formas más clásicas de manifestación.

1. Vía mental

Definiremos esta vía de comunicación como aquella en la que la energía está latente en la mente de quien la capta. Por lo general, el receptor es una sola persona, aunque en determinadas viviendas todos sus moradores tienen percepciones que en ocasiones ocurren al unísono. En la mayoría de los casos, la interpretación es diferente. La manifestación de la energía puede captarse de las siguientes formas:

- A través de una idea que se repite pero que no necesariamente es obsesiva.
- Mediante la aparición de recuerdos que tienen una doble interpretación.
- A través de visiones oníricas o sueños premonitorios.

2. Vía sensorial

En estos casos la energía parece estar más latente que en el anterior, su manifestación es mucho más tangible e incluso a veces llega a producirse un contacto directo con el observador. Sus manifestaciones más claras son:

- Mediante sensaciones de paz y bienestar muy profundo en las que el observador se siente acompañado de algo o alguien que es invisible.
- A través de alteraciones de la temperatura del observador, que puede sentir una gran calidez en su interior y raramente hormigueo y frío.
- A través del olfato, percibiendo aromas de santidad, de flores o de lo que se hallaría en plena naturaleza.
- Percibiendo roces, caricias o ligeras presiones. Es como si alguien invisible entrase en contacto con mucho tacto y dulzura con el observador.
- A través de músicas evocativas que suelen estar en sintonía con el observador. En algunos casos, el testigo escucha sonidos extraños, susurros y muy rara vez voz directa.

3. Vía óptica

Acontece cuando el fenómeno es visible a simple vista e incluso cuando puede ser captado mediante cámaras fotográficas o incluso mediante vídeo. En la vía de manifestación óptica, si bien varias personas pueden presenciar el fenómeno, cuando éste no está bien definido, los testigos establecen variantes interpretativas sobre lo que han visto.

- Presenciando vapores que en su oscilación acaban por adoptar una figura o silueta.
- Presenciando sombras que suelen aparecer iluminadas o irradiando diferentes tonalidades de color.
- Viendo claramente una imagen arquetípica que muestra complacencia y cariño por el observador o los testigos.

QUÉ HACER ANTE UNA MANIFESTACIÓN

Muchas veces, las manifestaciones de energía positiva son provocadas, es decir, el grupo de investigadores o testigos genera un campo de fuerza psíquica lo suficientemente fuerte como para que una «entidad» o «energía» tenga la fuerza necesaria para tomar cuerpo y permitir la interactividad, aunque la mayoría de las veces la producción del fenómeno es involuntaria. Cuando acontece, es muy importante saber qué hacer. Destacamos seguidamente algunos puntos que deben tenerse en consideración si la manifestación se produce:

- La energía que se manifiesta está formando parte del ambiente en el que nos movemos. Puede que interactúe con el observador y hasta que sea una parte más de él, de su conciencia o esencia.
- Bajo ningún concepto hay que negar la existencia de la visión, pero tampoco alentarla. Es necesario que el observador se comporte ante la presencia de manera normal, como una parte más de las realidades cotidianas que no siempre podemos ver.

- Partiendo de la base de que la manifestación (sea ángel, gnomo o espíritu) es de naturaleza positiva, nada hay que temer, ni de nada debemos defendernos.
- El observador debe mantener en todo momento la calma y la autoridad, asumiendo que la manifestación es una realidad, pero que quien controla el acto será él. De esta forma, si el observador tiene miedo o no desea ser testigo de la manifestación que presencia, le indicará con tono autoritario pero cortés que no está en condiciones de seguir adelante con el proceso.
- En caso contrario, si el observador está conforme en mantener una interacción con aquella energía o entidad que se le manifiesta, deberá hacerlo siguiendo unas reglas de cordialidad, honestidad y positividad mínimas.

ESTABLECIENDO COMUNICACIÓN

Las energías manifestadas suelen actuar por sí mismas mediante cualquiera de las modalidades ya destacadas en los puntos anteriores, pero puede darse el caso de que el testigo pueda establecer un diálogo con ellas. Si la entidad no ofrece ningún mensaje, comentario o sensación al operador, éste puede optar por intentar la comunicación. Los parámetros básicos que se deben seguir son éstos:

- Hablar muy educadamente manteniendo la cordialidad en todo momento, dirigiéndose a la entidad o energía con el mismo trato que emplearíamos con una persona común.
- Establecer el observador una presentación indicando quién es y en calidad de qué está ante la manifestación.
- Preguntarle a la entidad o energía para qué está allí, en qué se la puede ayudar o qué desea manifestar.

Superados los puntos anteriores, debemos ver cómo fluye el fenómeno y si la energía mantiene un determinado diálogo. De ser así, tendremos en cuenta que no se trata de un oráculo ni de un interlocutor normal. Por ello, las preguntas deben ser concisas y nada pretenciosas o fuera de lugar.

OTRAS FORMAS DE POSITIVIDAD

Dejando a un lado el caso de las manifestaciones de las entidades energéticas, veremos que la positividad también puede manifestarse y potenciarse a través de los mismos moradores de la casa. De este modo, destacaremos que, al igual que sucede con las imprecaciones o infestaciones negativas, la positiva puede surgir mediante el pensamiento y las acciones. Veamos de forma orientativa cómo podemos «destilar» positividad.

- Emitiendo pensamientos, ideas y proyecciones de positividad durante el máximo tiempo posible.
- Recordando aquellas cosas buenas que nos pasan a lo largo del día, siendo conscientes de cuándo ha habido un buen momento y no recordando sólo los negativos.
- Enumerando ya sea de pensamiento o de palabra cuál ha sido la buena noticia, logro o acción que hemos conseguido en el día. Debe ser sólo uno, el que consideremos mejor.
- Procurando actuar de forma armónica, manteniéndonos en la conciencia de que aquello que hacemos lo ejecutamos con placer y buena disposición, dejando para otros momentos las acciones que nos resultan desagradables.
- Intentando positivizar y crear armonía en los encuentros con los otros familiares o habitantes de la casa, interesándonos por sus alegrías y tristezas y sabiendo que lo hacemos sin demagogia, con afecto y buena disposición.

- Cantando o tarareando cualquier canción siempre que nos encontremos de buen humor.
- Riendo en voz alta y de forma sonora. De la misma forma que el llanto doloroso crea campos áuricos negativos, la risa en un hogar es la vibración natural más gratificante.
- Haciendo saber a los demás miembros de la casa lo bien que nos encontramos y la felicidad que sentimos si es que realmente es así. Si cuando estamos enfermos en seguida nos quejamos, cuando nos encontramos bien también debemos manifestarlo.
- Procurando dejar fuera de nuestro hogar el dolor, el rencor, los miedos y toda aquella emoción que nos resulte negativa o que pueda ser sinónimo de la generación de malas vibraciones.

Acciones como las anteriores nos permitirán un mejor ambiente en el hogar. Cuando notemos la positividad, veremos que reina una sensación de grata armonía. Nos daremos cuenta de ello especialmente cuando tengamos una discusión o debamos enfrentar pareceres con otra persona, ya que la constructividad imperará por encima de todo.

Por supuesto, hay otros sistemas de lograr que nuestra casa deje de estar embrujada o poseída por según qué tipo de agentes. Tanto la forma de librarnos de ellos como la de conseguir potenciar nuestras casas encantadas las descubriremos a partir de la parte más práctica de este libro en el capítulo siguiente.

LAS INFLUENCIAS EN EL HOGAR

«*Si hay armonía en casa, habrá orden en la nación.*
Si hay orden en la nación, habrá paz en el mundo.»
ANTIGUO PROVERBIO CHINO

Todo cuanto existe en el universo está sujeto a infinitas formas de energía cambiantes que ejercen una influencia cosmogónica. Nuestros hogares y nosotros mismos no quedamos al margen de ellas. Si aprendemos a conocerlas y manejarlas, si nos aliamos con ellas, seremos capaces de lograr que dichas energías y campos magnéticos trabajen a nuestro favor.

En el capítulo que nos ocupa, vamos a comentar sencillos y prácticos apuntes que nos van a ayudar a hacer de nuestra casa un espacio sagrado, un auténtico refugio interior cargado de fuerza y energía positiva.

En las siguientes líneas hablaremos de las corrientes telúricas, de cómo puede afectar energéticamente la disposición de los muebles en nuestro hogar, aprendiendo a distribuir adecuadamente los diferentes elementos de la casa. Entraremos de lleno en la magia de los colores, grandes aliados a la hora de reconducir y crear estados anímicos energéticamente adecuados y constructivos. Pondremos a disposición del lector unos sencillos rituales mágicos que convertirán nuestro hogar en una fuente de inconmensurable paz y positividad. Señalaremos objetos cotidianos, y sin embargo mágicos, que toda casa debe tener. Elaboraremos un altar personalizado. Hablaremos de la influencia que ejercen nuestros compañeros del reino mineral, señalando las piedras y gemas más convenientes. Y no olvidaremos el apasionante mundo de los aromas, de cómo purificar los distintos ambientes de la casa y de cómo el sentido del olfato puede afectar positivamente nuestro complejo funcionamiento neuronal.

LAS CORRIENTES TELÚRICAS

En los primeros días de otoño, recibí la propuesta de visitar una casa rural que ofrecía servicio de hospedería y albergue. Dicha casa la regentaba una antigua compañera de uno de los amigos con los que compartí la excursión. La finalidad de la visita era ayudar a dicho amigo a valorar la conveniencia de adquirir en traspaso la explotación del negocio de hospedería rural, ya que su actual propietaria y amiga de la infancia había decidido por conveniencias emocionales un cambio de aires que le ayudaría a dar carpetazo a un pasado que deseaba olvidar.

Tras dos horas de viaje discutiendo la jugada, enfilamos una carretera comarcal que ascendía por la montaña hasta llegar justo al pie de un castillo razonablemente medieval del siglo XV. La sorpresa fue mayúscula. La casa que nos imaginábamos había tomado la apariencia de un soberano castillo que emergía orgulloso dominando una extensión de tierra destinada al cultivo de cereales, un pequeño huerto de verdura para el consumo y un bosque de encinas. La emoción estaba servida.

A la derecha del castillo había una pequeña ermita románica no muy bien conservada y, pegado al muro oeste, un escueto cementerio formado por dos losas verticales de piedra sin inscripción, erosionadas por el paso de los lustros. Frente al castillo, unas enormes porquerizas con el suelo cubierto de paja fresca pero carentes de animales. A partir de este punto, la carretera desaparecía dejando paso a una estrecha pista.

La visión no dejaba de impresionarnos. Debíamos replantear el tema partiendo de la base de que frente a nosotros teníamos una joya arquitectónica digna de consideración. El precio era muy razonable y la propietaria había invertido una sustanciosa cantidad de dinero en acomodar las partes habitables del castillo. El resto del conjunto visitable, compuesto por varios miradores, tres torreones, amplias escaleras trabajadas en piedra y un patio anexo en el que, desde hacía muchos años ya, no vivían gallinas y conejos pero que, a pesar de su ausencia, conservaban intacta su morada, era especialmente tentador.

En la zona alta, haciendo de techo a toda la superficie, había una extensa planta convertida en palomar improvisado a base de grandes ventanales de piedra sin cristales que permitían que los dorados rayos del sol lamieran su suelo cubierto de más de treinta centímetros de excrementos, extrayendo tonalidades brillantes e irisadas a tan básico material orgánico. Como espectros de árboles metálicos plantados en el guano, había somieres, restos de vigas, tubos y estufas oxidadas.

Por supuesto, había caballerizas, donde aún pendían arreos de animales y aparejos de labranza, un granero impracticable y semiderruido, un molino de grano, otro destinado a elaborar aceite, dos hornos artesanales de pan y una gran bodega que aún conservaba cubas y grandes recipientes para almacenar y pisar la uva. Todo ello nos daba una idea de la actividad y riqueza de antaño, pero... algo no era normal: la energía también era añeja.

La amistad reinante hizo que nos fueran entregadas las llaves de todo el conjunto edificado. Tuvimos la posibilidad de introducirnos en las estancias adosadas, cuya entrada estaba tapiada desde hacía muchos años a los ojos curiosos de los visitantes, y que nos llevaron directamente a las dependencias que servían de vivienda a una extensa servidumbre. Todo un submundo de habitaciones, bodegas, establos, mazmorras, cocinas y letrinas para su uso personal, cubiertas por el polvo de los siglos y en muchos casos siendo aún el receptáculo de muebles, objetos personales, herramientas y enseres de la época. Parecía que el mundo se hubiese paralizado y el tiempo hubiese cubierto con su negro manto aquellos recintos.

Nuestra columna vertebral iba vibrando, como un diapasón, a cada estancia. La muerte estaba presente en las paredes, el odio reinaba en las alturas de los techos abovedados y las humillaciones vividas entre sus muros lamían cada centímetro de la superficie del suelo. Aún se podía oler la miseria, escuchar los gritos ahogados del miedo y la impotencia y sentir la energía contaminada de aquellas vidas desperdiciadas en beneficio de un señor que posiblemente hacía del terror su reino.

Salimos del precioso castillo enfermos de angustia ajena. Ni que decir tiene que, a título personal, desaconsejamos su compra, a pesar de que, como ya comentamos, tanto el precio como la singularidad y belleza del paraje y la edificación eran un privilegio difícil de alejar de la voluntad. Las tentaciones tomaban diferentes formas: poder, posición, especulación, exclusividad, exotismo, estética, soberbia... Aun así, desaconsejamos absolutamente su adquisición o arrendamiento.

Nos costó casi quince días con sus noches limpiar tanto la piel como el espíritu de toda la podredumbre inmaterial que se respiraba en aquel lugar con vida propia. Aquella era una zona telúrica, energéticamente poderosa e importante que por su negatividad amenazaba con engullir toda cosa viviente.

Contada la historia, conviene puntualizar que toda la carga negativa relatada no forma parte de un absoluto eterno ni de una maldición por los siglos de los siglos. Pero lo cierto es que limpiar y despejar de malas vibraciones el espacio desde las tierras a la punta más alta o intrincada del conjunto construido hubiese sido una labor tan lenta y ardua que la prudencia e inmediatez del trato recomendaban no emprender.

El entorno físico que rodea una casa, la zona telúrica donde está enclavada, su orientación respecto a los cuatro puntos cardinales, las corrientes subterráneas, la vegetación circundante, los materiales con los que está hecha la edificación o los postes eléctricos cercanos, por citar algunos ejemplos, influyen en las radiaciones energéticas del hogar.

Los pensamientos y sentimientos de inquilinos anteriores, junto con los nuestros propios o los de posibles invitados y familiares, también afectan y modifican constantemente la energía emocional que hay en los diferentes espacios vitales. Debemos tener en cuenta que los sentimientos y pensamientos son formas persistentes y poderosas de energía que siguen latentes mucho tiempo después de haber sido experimentadas.

Existe una paraciencia denominada psicometría, que estudia los fenómenos anteriormente citados. La psicometría asegura que todo pensamiento, sensación, sentimiento, personalidad y actividades ordinarias repetitivas empapan energéticamente cada objeto físico de una casa. Este arte de la energía afirma que también ejercen influencia en la casa la forma de actuar, vivir y pensar de los habitantes anteriores que ocuparon el suelo de la vivienda antes de que fuese construido.

El pensamiento de que nuestra casa, nuestro hogar, tiene vida propia, es factible. Por una parte, tal y como hemos comentado anteriormente, existen las energías e impregnaciones psicométricas. Pero, por otra, también debemos tener en cuenta los campos de energía espiritual que se generan en el entorno natural en el que está enclavada, así como la energía primigenia de la tierra, denominada líneas Ley que también afectan al aura espiritual de nuestro habitáculo. Las citadas líneas Ley se originan a partir de corrientes eléctricas que se han formado de manera natural y que fluyen a lo largo de la corteza terrestre a través de canales o líneas imaginarias pero existentes.

De lo que no hay duda es de que, por encima de corrientes telúricas o psicometrías, más allá de las líneas Ley y de los postes de alta tensión, lo que mejor puede afectar a la energía espiritual de nuestra casa es el amor, la comprensión y el cuidado que se da y se recibe en el interior de sus paredes.

En numerosas ocasiones, parece que las circunstancias de la vida se amontonan sin avanzar, a pesar de nuestros esfuerzos, y es que a veces la voluntad no es suficiente. Las causas del tapón que no deja circular libremente nuestra vida suelen encontrarse, sin personalizar, en el entorno más inmediato que circunda nuestra casa o el lugar de trabajo. Si cambiamos los distintos elementos que componen su decoración, si remodelamos tanto la ubicación de los muebles como los materiales que los componen, a buen seguro lograremos cambiar su antigua influencia negativa o paralizadora y con la transformación cambiará en buena parte nuestra vida y la forma en que nos afecta su transcurrir.

APRENDIENDO A CREAR AMBIENTES EN LAS ESTANCIAS Y A DISPONER EFICAZMENTE EL MOBILIARIO

Si la casa es energía, por extensión sus paredes, sus efectos decorativos y sus muebles pueden ser una parte más de la vibración que está latente en todo hogar. Veremos seguidamente de qué manera tenemos que trabajar las diferentes zonas de una vivienda, cómo podemos aprovechar las estancias y cuál sería el mobiliario más adecuado así como su colocación en los recintos.

Entrada principal y recibidor

La primera obligada y lógica mención es a la puerta principal de la casa, pues traspasándola va a mostrar de qué modo se manifiesta su habitante tanto respecto al mundo como a sí mismo.

Cuando se entra en una casa, el primer espacio visible debería ser un lugar enriquecedor en el que desear integrarse. Por esto nuestra sugerencia es que no restrinjamos el recibidor como un funcional espacio de paso. Tengamos presente que la energía se distribuye desde este punto al resto de la casa y cuidemos especialmente la decoración de dicha estancia siguiendo las siguientes orientaciones:

- Es importante que la estancia esté bien iluminada, preferentemente de forma natural o con luces cálidas.
- Deberemos abstenernos de objetos decorativos punzantes o que asemejen la forma de una varilla o flecha que apunten al recién llegado.
- Procuraremos prescindir de los clásicos percheros con brazos agudos y punzantes.
- Evitaremos escoger muebles con los cantos en forma de aristas pronunciadas.
- Es preferible que la puerta de entrada se abra hacia dentro, contra la pared, y que mantengamos el espacio ordenado y sin trabas que impidan abrir completamente dicha puerta.
- Procuraremos poner plantas de floración y, en el caso de que seamos amantes de las trepadoras, haremos honor a su

nombre procurando que su distribución sea ascendente y no en forma colgante, desmayada y caída.

- En caso de que la puerta dé entrada de directamente frente a una pared, colocaremos un espejo en dicha pared con el fin de aportar profundidad al espacio.
- El espejo situado a la entrada de la casa es un potente captador de energía y por ello es conveniente escoger un espejo de forma convexa.

Como es lógico, todas las indicaciones anteriores son orientativas y cada persona debe encontrar el equilibrio adecuado en función de los espacios a su disposición.

Puertas interiores

Unas puertas interiores que se abren dificultosamente contra una pared pueden repercutir en el fluir de la energía por el conjunto de la casa. Además de bloqueos energéticos, este tipo de apertura en las puertas puede producir ansiedades y estados emocionales alterados. Para paliar los citados efectos, al margen de cambiar el punto de apertura de la puerta, podemos recurrir a estas consideraciones:

- Disponer de un pequeño espejo sujeto a la puerta para redirigir la energía hacia la habitación.
- Procurar que la apertura de las puertas interiores no se vea dificultada por el desorden o por muebles demasiado pegados a ellas.
- La ropa colgada detrás de la puerta por medio de un gancho o colgador dificultará su apertura y aumentará el peso de la misma, potenciando que la vida de las personas que conviven en el hogar se vea plagada de situaciones especialmente pesadas y de difícil resolución.

Balcones, terrazas y ventanas

Tanto los balcones como las terrazas y, por supuesto, las ventanas, son los ojos por los que nuestro hogar dirige sus miradas hacia el exterior y es también por ahí por donde más libremente entran las influencias del entorno comunitario e inmediato.

Si queremos que nuestra forma de ver la vida no se vea oscurecida y carente de perspectiva, debemos cuidar de forma especial la composición, diseño, ornamentación e higiene que reinará en las zonas «fronterizas» entre nuestra casa y el mundo exterior.

1. Elementos artificiales

Salvo en algunos casos concretos, encontraremos imposible rediseñar o cambiar la estructura y el color de las fachadas de la casa así como el de las ventanas y balcones. De todas formas y sin efectuar grandes modificaciones tendremos presentes las siguientes normas.

- Es importante extremar la limpieza en molduras, persianas, suelos y repisas de balcones, terrazas y ventanas.
- Los cristales rotos deberán ser sustituidos de inmediato, ya que los cristales agrietados pueden dificultar la visión que tenemos de la vida.
- Siempre que podamos, utilizaremos velas y candiles para la iluminación de terrazas y balcones, ya que favorecen las impregnaciones positivas de energía.
- Los toldos de rayas distorsionan el ambiente exterior. En el caso de que precisemos utilizar un toldo lo escogeremos entre la gama de colores suaves y lisos prescindiendo de los estampados.
- Procuraremos que el balcón y la terraza no se vean convertidos en un depósito de objetos olvidados y en desuso.

- Los cristales también tendrán que ser sometidos a una escrupulosa limpieza. Dicha operación sistemática nos ayudará a que nuestra vida tenga una mayor perspectiva y objetividad.

- Debemos prescindir de las ventanas tipo guillotina, cambiándolas por las que se pueden abrir de par en par hacia fuera. Con dicho cambio nuestro proceso energético fluirá con más vitalidad y fuerza.

2. Elementos naturales

Consideraremos como naturales aquellos elementos que poseen vida y recomendamos incorporar tanto árboles como plantas para aprovechar las ventajas y propiedades que nos dan en ese espacio fronterizo de nuestra vivienda.

Las plantas y sus ornamentaciones

No basta con decorar una ventana con una bella planta, es preciso aprovechar su energía para que armonice nuestra existencia. De igual manera, no basta con incorporar un bonito jarrón de diseño, hay que tener en cuenta las siguientes consideraciones:

- Escogeremos cuidadosamente las plantas que deseamos que nos acompañen en nuestra vida y les daremos un nombre con el fin de establecer una estrecha relación con ellas.

- Es positivo enterrar pequeños objetos personales, anotaciones o gemas justo debajo de la superficie que cubre la primera capa de tierra con un propósito determinado, ya sea para peticiones de salud, de prosperidad o de amor. Ello fortalecerá nuestros lazos con la tierra y facilitará su resolución favorable.

- Cada vez que reguemos la planta en la que tengamos enterrada la petición, reafirmaremos nuestro propósito. Cuando reguemos dicha planta, deberemos ser conscientes de que con dicho acto estamos alimentado un deseo o un sueño.

- Si somos amantes de las plantas, procuraremos que no sean colgantes y que su distribución huya del abigarramiento.
- Siguiendo con las normas de higiene, deberemos limpiar tanto el suelo como las macetas o jardineras de residuos y hojas secas.
- En un balcón grande colocaremos jarrones de formas suaves, de tierra cocida o cerámica.
- Adornaremos los balcones con plantas de hojas jugosas, redondeadas y que crezcan hacia arriba, evitando plantas puntiagudas en áreas cerradas.
- Si deseamos mantener un óptimo nivel de energía, los cactos y demás plantas espinosas o punzantes, aun en los espacios exteriores, están desaconsejados, ya que privarán de que los bienes materiales entren en el hogar.
- Evitaremos en la medida de lo posible el uso de jardineras metálicas y en especial de aquellas que poseen pequeños cristales de espejo, pues lo único que harán será rebotar la energía que llega a nuestro hogar.

Los árboles

Ya hemos comentado en otro apartado de este libro la importancia que tuvieron determinados árboles para los druidas por ser considerados sagrados. Si somos tan afortunados que dentro de nuestra propiedad contamos con un jardín de tierra, procuraremos instalar además de plantas algunos árboles, puesto que son canalizadores energéticos y poseen la virtud de resolver algunos problemas cotidianos derivados de los estados emocionales. Los árboles más importantes para nuestra casa serán:

- Si la actividad que deseamos realizar requiere mucha concentración, sin lugar a dudas recurriremos al haya.

- El ciruelo representa la juventud y la belleza, por tanto será perfecto para una casa en la que haya niños y adolescentes.

- Al avellano se le atribuye una importante electricidad erótica, así que será ideal para activar la energía de la libido y paliar la falta de motivación y apatía sexual.

- En una casa donde la tensión y el estrés son constantes, no debería faltar un arce que facilite la armonía y la eliminación de los estados anímicos alterados.

- El castaño fortifica el sistema nervioso, por tanto será el árbol adecuado para aquellas viviendas en las que haya gente mayor, porque apoyará el fortalecimiento del sistema nervioso central, ayudando además a mejorar los problemas circulatorios.

- El manzano se asocia con el amor y la fertilidad, por lo que es un árbol excelente en aquellas casas en las que conviven parejas jóvenes y de nueva formación. Además, el manzano es un árbol que favorece la eliminación de dependencias toxicológicas.

- El pino es un árbol que podemos contemplar en numerosos jardines que rodean a geriátricos, residencias y centros de vejez. Simboliza la longevidad y potencia una mayor calidad de vida en esta etapa de nuestra existencia.

- El nogal nos ayuda a concentrarnos y a potenciar la memoria, lo que hace que sea un árbol propicio para los jóvenes estudiantes y para todas aquellas personas que deban preparar oposiciones, tesinas y doctorados.

- El peral será nuestro aliado si lo que precisamos es centrarnos y recuperar fuerzas.

Dormitorio principal

El dormitorio es la estancia donde pasamos un tercio de nuestra vida. Esta particular habitación deberá constituir un espacio armonioso, un lugar especial que facilite la relajación y el descanso, que potencie un sueño tranquilo y reparador, y que invite a la intimidad personal y de pareja si la hubiese.

La habitación destinada a dormitorio deberá estar provista de puerta y encontrarse separada del resto de la casa. En el caso de que se trate de un *loft* o piso sin tabiques, la zona que escojamos para dormir estará bien delimitada y definida, protegida por biombos, paneles correderos, librerías, jardineras con profusión de plantas y arbustos altos, etc.

Recordemos que el dormitorio es el lugar donde no sólo descansa nuestro cuerpo, es también el espacio ideal para que la mente se relaje y las emociones fluyan. Por ello es de suma importancia extremar el cuidado en la distribución de la estancia, emplazamiento de la cama, materiales preponderantes, objetos y decoración que se vayan a utilizar. Estos elementos deberán perseguir el equilibrio, la discreción y la sencillez.

A continuación vamos a enumerar diversos consejos que ayudarán al lector a mejorar tanto su perspectiva como su calidad de vida.

- El lugar que escojamos para situar la cama es de suma importancia. No es conveniente colocarla en la misma pared donde se encuentre la puerta ni donde no se vea si alguien entra en la estancia.
- Si la cama está situada debajo de la ventana, potenciará que su ocupante incida en procesos de estrés, por lo que tal ubicación es desaconsejada.
- Tampoco deberemos situar la cama justo frente a una puerta de manera que los pies apunten directamente a ella.
- El mejor lugar para colocar la cama será lo más lejos posible de la puerta, escuadrada con la pared de manera que tengamos una clara visión tanto de la ventana como de la puerta.

- No es aconsejable colocar la cama directamente bajo una viga vista. Una viga dispuesta longitudinalmente al centro de la cama, además de alterar negativamente la respiración y el reposo, puede acabar con la mejor relación de pareja.

- Respecto a las vigas, si no podemos eliminarlas, recomendamos el planteamiento de las siguientes opciones: Pintar techo y vigas de un color uniforme; redondear cualquier contorno puntiagudo que presenten; cambiar la cama de lugar; cubrir las vigas con un techo falso.

- El espacio de la cabecera deberá permanecer libre de objetos y adornos. La cama nunca deberá estar encajonada (muebles nido, integrados, etc.).

- La cabecera de la cama deberá estar cerca de una superficie sólida pero ligeramente despegada de la pared para que la energía pueda fluir libremente.

- El lado izquierdo de la cabecera será el indicado para colocar, si no hay más remedio y de forma distanciada, elementos altos. El lado derecho será el apropiado para ubicar los muebles bajos.

- Los materiales que componen la cama deberán ser cálidos y naturales. El metal transmite en exceso la sensación de frío.

- Es preferible descansar sobre una base de madera, con un colchón de fibras naturales. Además, la cama deberá estar un poco elevada con respecto al nivel del suelo para facilitar la circulación del aire.

- Es recomendable mudar de cama periódicamente en un espacio no superior a los diez años o cada vez que se produzca un cambio fundamental en nuestra vida, como puede ser una separación, el inicio de una nueva relación sentimental o un cambio importante de trabajo. En el caso de que nuestra economía no nos lo permita, es importante realizar una limpieza muy a fondo del mueble, desechar las sábanas antiguas y estrenar unas nuevas.

- Procuraremos que en la estancia reine el orden. Los cajones bajo la cama o un arcón a los pies suelen ser una buena solución. También procuraremos que el espacio sea exclusivo y despejado, no utilizándolo como zona de estudio o sala de televisión.

- En lo posible, rehuiremos de los aparatos eléctricos tales como televisión, despertadores, equipos de música, etc.

- Si se trata del dormitorio de una pareja, procuraremos guardar el equilibrio energético decorando la estancia con objetos en número par, es decir, dos mesitas de noche, dos cuadros, dos lámparas, dos velas, dos figuras..., procurando rodearnos de objetos hermosos que representen algo especial para nosotros, nos complazca mirar y que tanto al acostarnos como al levantarnos nos serenen el ánimo.

- Por lo que respecta a la iluminación, procuraremos no utilizar dos apliques justo encima de nuestra cabeza que, si bien son cómodos para leer, no facilitan en nada el descanso. En su lugar será preferible colocar dos lámparas junto a la cama. Desecharemos de manera total y absoluta lámparas de techo que presenten afiladas puntas dirigidas hacia abajo.

- En el importante apartado de los espejos, que trataremos más ampliamente en este mismo capítulo, evitaremos colocarlos frente a la cama, ya que actúan como un potente reflector de energía y su enorme proyección podría alterar nuestro ritmo de sueño.

- Es aconsejable que cuando en el interior de nuestros armarios roperos tengamos un espejo, éste no presente cantos biselados.

- Evitaremos colocar nuestro dormitorio en buhardillas con el tejado a dos aguas o inclinado ya que realizan un efecto estimulante y puede costarnos mucho conciliar el sueño.

Dormitorio infantil

Antiguamente, el dormitorio infantil era un lugar reservado exclusivamente para dormir. En la actualidad, este espacio nos remite a todo el universo del niño.

El dormitorio es el lugar donde los niños fomentan su vida social en los primeros estadios. Comparten el espacio con los amigos, tienen el área de juegos, que no se limitan a puzzles o primarias obras de ingeniería, sino que también domina el espacio el nuevo mundo mecánico y cibernético: pantallas de ordenador tomadas por videojuegos virtuales que engullen a nuestros hijos, máquinas de juegos interactivos que hipnotizan su atención, juegos solitarios que en el mejor de los casos comparten con sus amigos visitantes.

La habitación infantil también es un lugar destinado al estudio. En ella va a aprender los primeros hábitos que forjarán una personalidad libre, feliz, consecuente y sincera. Las primeras aficiones e inclinaciones seguramente nacerán en este espacio sagrado y también es posible que sea allí donde llore las primeras decepciones, se enfrente a incipientes frustraciones y acuñe sus sueños, deseos y aspiraciones.

Pero un niño es también un receptor espiritual. Ya hemos visto su sensibilidad extrema en los fenómenos de infestación de las casas. Pueden provocar y recibir los efectos de un *poltergeist* de forma más fácil que un adulto, por eso la energía del tipo que sea debe estar muy bien regulada. El dormitorio del niño es pues un espacio sumamente importante al que deberemos dedicar una especial atención y en el que, además de regirnos por normas ya citadas en el apartado destinado al dormitorio principal, las ampliaremos con las siguientes indicaciones:

- El lugar más adecuado para ubicar una habitación infantil dentro de una casa es el lado oeste de la misma.

- Deberemos tener presente que cuando nuestro hijo esté en la cama, nunca deberá tener los pies apuntando hacia la puerta de la habitación o hacia una ventana; la cama no deberá estar atravesada por una línea imaginaria que vaya de la puerta a la ventana. Si se da esta circunstancia, deberemos colocar un móvil de campanillas o un espejo en la ventana a fin de bloquear la corriente de energía.

- También puede ser oportuno disponer de un biombo adornado con motivos infantiles o las mascotas de su preferencia, que hagan de pantalla entre la cama y la puerta.

- Dadas las actuales dimensiones de los pisos o apartamentos, lo habitual es que el cuarto infantil tenga un pequeño rincón destinado al estudio. En este caso es fundamental que se extreme el orden, dotando al menor de una mesa de trabajo, una estantería, un tablero de corcho, bloc de notas, un cubilete con los útiles de escritura, un clasificador, varias carpetas..., es decir, procuraremos que todo esté en su lugar y que haya sobre la mesa el menor número de cosas.

- También será interesante disponer de un rincón de juegos dentro del dormitorio infantil. Éste deberá estar situado en una zona iluminada y agradable.

- Tendremos en cuenta que todo juguete que represente una figura animal o humana puede absorber la energía física proyectada y reflejar una determinada energía, por ello procuraremos que dichos juguetes tengan los ojos grandes y proyecten sentimientos de placidez y dulzura. En caso contrario, podrían desarrollar en el niño un carácter agresivo o una actitud victimista.

- Siguiendo con el apartado de figuras y muñecos, éstos nos pueden ser de gran ayuda pedagógica ayudándonos a desterrar miedos, «fantasmas» e inseguridad. ¿Su hijo dispone, por ejemplo, de un buen mago que mantenga a raya los hechizos y jugarretas de la bruja?

- Para terminar, deberemos acostumbrar al niño a ordenar sistemáticamente su habitación, depositando la ropa sucia en el cesto pertinente, que deberá estar fuera de la estancia, y teniendo especial cuidado en fomentar hábitos como el cambio de ropa al llegar a casa y como guardar y limpiar el calzado que se ha utilizado para andar por la calle. No está de más que le acostumbremos a utilizar el «felpudo mágico» que se ha detallado en esta misma obra.

- La habitación del niño jamás deberá ser el lugar donde se le obligue a recluirse cuando sea castigado por cometer alguna impertinencia.

El salón

Entramos en la zona del hogar que es, además de un centro social de reunión, un lugar que nos invita a compartir, a dialogar y a descansar.

En numerosas ocasiones, las metamorfosis que se producen en nuestra vida son fruto directo de nuestras actitudes, pensamientos y de la capacidad que tenemos para asumir y potenciar los cambios. Estas variaciones a menudo están sujetas a una ley de causa-efecto y, en lo que a la casa se refiere, puede pasar por cambiar la disposición de un simple sofá que estaba bloqueando la vía principal de la casa y como consecuencia impedía la entrada de energía a nuestra vida.

Al decorar una estancia como el salón, que ciertamente es la parte de la casa más social, deberemos tener en cuenta el efecto que un determinado ambiente o decoración ejerce en nuestra vida. Recomendamos que lean detenidamente las siguientes orientaciones:

- Deberemos procurar abstraernos de las modas y crear un espacio propio, teniendo en cuenta que una sala de estar oscura, abigarrada de muebles, tapicerías y cortinajes, con papeles pintados en las paredes y poca profusión lumínica, puede resultar opresiva y perturbadora. Como también puede ser nefasta la elección de una ambientación excesivamente vanguardista y angulosa, con paredes blancas y brillantes y exceso de muebles metálicos y angulosos.

- Es poco recomendable que se acceda directamente a esta estancia nada más abrir la puerta de entrada.

- Una forma de «L», muy frecuente en dicha estancia, suele considerarse poco favorable dada su similitud con la figura incisiva de un gancho. Antiguamente se afirmaba que dicha forma era captadora de maldiciones. Dicho efecto puede paliarse colocando una lámpara de pie de buen tamaño en una esquina de la pieza entre las dos secciones de la sala.

- La forma de «L» tampoco resulta recomendable en la colocación de sillones y sofás. Deberemos procurar que formen una disposición cerrada en forma de «U». Aun así, puede compensarse una disposición en «L» gracias a una mesa auxiliar o sillón que nos ayude a integrar el conjunto formando un cuadrado.

- Nos abstendremos de colocar dos sofás uno frente a otro. Esta posición puede crear una comunicación demasiado intensa, agresiva, directa y poco equilibrada.

- La mejor disposición para un sofá será lejos de ventanas y puertas, con una pared a su espalda para que sus habitantes no se sientan vulnerables y dominen toda la habitación.

- Con respecto a cristaleras y ventanales, lo más adecuado será colocar cortinas ligeras de hilo, algodón o gasa para que por una parte permitan que pase la luz y por otra impidan el escape de fluidos positivos de energía. Si la habitación fuese muy soleada, podríamos colocar cortinas más gruesas que correríamos puntualmente en las horas de mayor radiación solar.

- Las moquetas y las alfombras, incluso aunque sean de lana o de fibras vegetales, frenan el fluido de energía, por lo tanto, intentaremos no abusar de ellas y procuraremos utilizarlas de forma racional y restrictiva. Esta restricción hace referencia también a las que suelen cubrir los largos corredores y pasillos.
- Una alfombra será aconsejable cuando la puerta del salón esté frente a una ventana. Preferentemente deberá ser de tejido vegetal, transpirable y fácil de limpiar.
- Dado que no es oportuno estar de espaldas a algo que no vemos, procuraremos prescindir de colgar cuadros justo detrás del sofá.
- Evitaremos colocar espejos frente a una puerta o ventana, ya que reflejaría la energía que entra en la estancia, creando un centro de perturbación permanente.
- Procuraremos que todos los elementos reinantes en el salón, tanto los referentes a telas como a mobiliario, sean de materiales cálidos y naturales, procurando que carezcan de agresivas aristas.
- En cuanto a la iluminación, deberemos evitar lámparas de techo que incidan de manera directa sobre el sofá, puesto que la presión energética que produciría sería notablemente negativa.
- Debemos tener presente que aunque la luz esté apagada, el circuito eléctrico sigue estando allí y puede afectar a nuestro propio fluido energético.
- En cuanto a nuestras amigas del reino vegetal, conviene advertir que deberemos prescindir de las flores secas por no resultar energéticamente beneficiosas. Por el contrario, nuestra elección se decantará a macetas con flores frescas que aporten la vitalidad que precisamos.
- También deberemos tener presente, por lo que respecta a las plantas de interior, que las de hoja redonda mitigan el

paso de energía, mientras que las picudas o provistas de pinchos la aceleran. Por esta razón, deberemos prescindir de cactos en el interior de la casa con una sola excepción: es muy conveniente situar un cacto al lado del televisor, ya que éste absorbe las ondas electromagnéticas mitigando los efectos de la radiación. Dicha conveniencia será extensible al resto de los potentes aparatos eléctricos como pueden ser el microondas o el ordenador.

El comedor

El comedor es el espacio que simboliza la abundancia y el bienestar material de un hogar, por lo que deberemos cuidar el área donde esté colocada la mesa. Prestando atención a los siguientes consejos lograremos que la fertilidad espiritual y crematística reine en nuestras vidas:

- Las flores frescas favorecen la energía vital en esta zona. No obstante, deberemos tener muy presente que es necesario cambiar el agua del jarrón a diario.
- Las velas embellecen y energizan la estancia. Sólo cabe señalar que deberemos ser cuidadosos en la elección de sus colores. El mejor tono será uno neutro como el blanco. Recordemos que en ocasiones las perturbaciones de energías espirituales se manifiestan mediante las llamas; por ello, si observamos anomalías en la combustión, apagaremos la vela inmediatamente.
- Con el fin de crear un ambiente «limpio», cambiaremos la decoración de la mesa con cierta frecuencia, procurando potenciar el frescor y la alegría.
- A la hora de cubrir la mesa, nos abstendremos de hacerlo por medio de plásticos y hules, decantándonos por los mantelas de colores suaves y fibras naturales.

- Resultará benéfico colocar un espejo en un lateral del comedor que vaya del techo al suelo, asegurándonos que no se refleja en él el invisible fluido de energía que procede de la entrada.
- Dispondremos el espejo a cierta altura con el fin de que los comensales no tengan la impresión óptica de que la cabeza está separada del cuerpo.
- Son preferibles las mesas ovaladas o circulares a las rectangulares o cuadradas.
- Con respecto a la iluminación, será aconsejable que prescindamos de aquellas lámparas de techo que proyecten aristas sobre la mesa y decantarnos mejor por una lámpara de pie orientable.
- Tanto la mesa como las sillas deberían ser preferiblemente de madera natural y, en el caso de las sillas de tapicería, de tejidos naturales y de tonos suaves, procurando apartarnos de los estampados geométricos.

La cocina

Según la tradición, la cocina se corresponde con el corazón del hogar, el verdadero centro afectivo. En ella se realiza la importante alquimia alimenticia encargada de mantener la energía y la salud vital de nuestros cuerpos, por lo que es importantísimo conservar, además de una correcta higiene, una escrupulosa observación de los sutiles fluidos energéticos que por ella discurren. No olvidemos que cuando se producen manifestaciones de encantamiento en una casa, la cocina es uno de los lugares que más fácilmente se perturba.

Independientemente de la dieta que sigamos, de las pautas de organización a la hora de realizar las compras o de nuestras preferencias culinarias, tanto si somos aficionados o aborrecemos el imperio de los fogones, al margen de que seamos usuarios de dietas de simple supervivencia o exigentes *gourmets*, no nos quedará más remedio que surtir este espacio vital que recibe el nombre de cocina de productos nutrientes, independientemente de que requieran una mayor o menor elaboración. Tampoco podemos olvidar el viejo dicho de que «el amor se cuela por el estómago» y, siguiendo la ciencia popular, la cocina nos ayudará a demostrar y entregar nuestro amor en forma de exótica e imaginativa presentación o quizá primando más las materias primas bajo el contenido de un plato exquisito que amalgame todos los sabores que desea transmitir nuestro corazón.

Siguiendo las siguientes recomendaciones lograremos, además de que la riqueza familiar fluya positivamente, que las relaciones emocionales y nuestra salud física se equilibren:

- Es aconsejable que la cocina no esté alineada con la puerta principal de la casa y que no dé ni al dormitorio ni a la sala de estar.
- Es interesante que la encimera de cocción y el fregadero no se encuentren alineados en el mismo lateral de la cocina. La conjunción de los elementos de agua y de fuego se hallarían confrontados y podría ser perjudicial para los alimentos que se vayan a cocinar.
- Siguiendo con la encimera, debería estar protegida de posibles energías negativas y tensiones, procurando que nunca esté alineada con la puerta de entrada a la estancia.
- Debajo de la ventana es mejor colocar el fregadero que los fogones.
- La nevera y el lavavajillas también deberán permanecer alejados de los fogones.
- Si la cocina dispone de una mesa en la que podemos efectuar cualquiera de las comidas diarias, convendrá que ésta sea de forma redonda u ovalada y la situaremos detrás de

los fogones y en el centro de la estancia con el fin de que proteja nuestra espalda mientras cocinamos o trabajamos en la cocina.

- En cuanto a los materiales, deberemos equilibrar el metal y la madera de manera que la calidez de una pueda separar la frialdad del resto de los elementos que pertenecen al elemento agua, como pueden ser el fregadero o la nevera.
- Procuraremos que el mobiliario de la cocina tenga el mínimo de ángulos picudos o aristas afiladas.
- Además de mantener un escrupuloso orden y limpieza, nunca deberemos dejar a la vista objetos rotos o cortantes. La cocina debe permanecer siempre despejada.
- En el caso de que tenga una despensa situada en un anexo que vaya más allá de la cocina, colocaremos un mueble móvil que nos sirva de elemento separador con el fin de delimitar la energía de los elementos crudos con los que están en proceso de cocción.

El baño

El cuarto de baño es el recinto por el que, segun señalan antiguas tradiciones orientales, el agua se escapa y con ella los bienes materiales y las emociones. Al parecer, el agua es uno de los fluidos que mayor peligrosidad reviste en los casos *poltergeist*. En las casas embrujadas, la bañera puede convertirse en un peligroso elemento. Prueba de ello son las decenas de personas fallecidas de manera inexplicable cuando se sometían a un relajante baño. Por otra parte, recordemos que gran número de suicidios tienen la bañera como escenario predominante.

El baño es el espacio íntimo y privado en el que llevamos a cabo importantes procesos vitales que tienen que ver con la soledad y la conversación interior, la higiene tanto física como energética, el cuidado de nuestra estética y belleza. Punto fundamental es ese lugar reducido en el que eliminamos los residuos que el cuerpo no ha aprovechado.

De todo lo dicho se desprende lo importante de su situación con respecto al resto de la casa, por lo que nos permitimos apuntar unas simples orientaciones que nos podrán ayudar a ganar en prosperidad, autoestima y calidad de vida:

- La situación ideal del cuarto de baño será al fondo de la casa y dando a la parte trasera.
- Cuando el baño se encuentre en el centro de la casa y, peor aun, junto a la cocina, y no podamos cambiarlo de lugar ni inutilizarlo, podremos paliar en parte el negativo efecto manteniendo siempre la puerta cerrada.
- Para que la distribución sea correcta, conviene separar el inodoro de la bañera y colocar el lavabo y su espejo de modo que no queden frente a una puerta o ventana. Haciéndolo así evitaremos que las energías reboten en su superficie.
- Para que la energía positiva no se escape por los desagües, todos deben estar tapados. Dicho consejo es extensivo al retrete que, evidentemente, cuando no se utilice deberá tener la tapa bajada.
- Si se han situado electrodomésticos en el cuarto de baño, como pueden ser lavadoras o secadoras, convendrá mantener dichos elementos integrados y ocultos dentro de un mueble o si carecemos de dicha posibilidad procederemos a cubrirlos con una bonita tela no plastificada.
- Cuando sea posible, el inodoro y el bidé deberán situarse en la zona más discreta del cuarto de baño. Lo ideal sería protegerlos detrás de una puerta, mampara o pequeño muro para preservar la intimidad de sus usuarios.
- Es de suma importancia que el baño se encuentre bien ventilado. Lo ideal es disponer de una ventana con cristal opa-

co, pero si esto no fuera posible, podemos instalar un respiradero con buen tiro. Ello nos ayudará a regular el flujo energético.

- Los revestimientos idóneos para el cuarto de baño, en lo que atañe a suelos y paredes, serán la cerámica, la madera tratada o las pinturas lavables.
- En cuanto a los accesorios, elegiremos materiales naturales de tonos y texturas suaves. En lo que respecta a plantas, éstas deberán ser propias de ambientes húmedos y cálidos. No obstante, conviene señalar que evitaremos una profusión de elementos, ya que la energía del baño debe tener espacio libre para circular.

Despacho y lugar de trabajo

En numerosas ocasiones, dentro de la distribución de la casa reservamos un lugar para realizar las funciones de estudio o trabajo. No obstante, también puede suceder que, dadas las nuevas profesiones amparadas en modernas tecnologías informáticas e Internet, nuestro exclusivo lugar de trabajo esté situado en una habitación destinada para tal fin.

De la situación y distribución del despacho dependerá en buena medida que las acciones profesionales que se emprendan se lleven a cabo con una mayor creatividad, operatividad y eficacia y que el desarrollo de nuestra trayectoria profesional siga una línea de avance. A continuación recomendamos tener en cuenta las siguientes pautas:

- Nunca dispondremos la mesa de forma que la puerta quede a nuestra espalda. Por el contrario, la situación ideal será mirando a ésta y la espalda escuadrada con la pared de forma que tengamos una visión completa de puerta y ventanas. Ello nos permitirá situarnos en un punto de poder de la habitación que incrementará los sentimientos de control, creatividad y seguridad.

- Si no queda más remedio que situarnos de espaldas a la puerta, contrarrestaremos el efecto negativo situando estratégicamente un espejo, preferentemente con un marco de forma octogonal, encima de la mesa, de manera que nos permita observar a cualquier persona que traspase el umbral de la puerta o que se acerque por detrás.
- Deberemos evitar también sentarnos muy cerca de una ventana. Si no disponemos de más espacio, contrarrestaremos la mala situación colocando abundantes plantas a modo de protección o un móvil con campanillas frente a la ventana.
- Si en el despacho hay más de un escritorio, es preferible que éstos se encuentren encarados el uno frente al otro.
- Con respecto a la decoración, deberemos procurar rodearnos de símbolos o fotografías relativas a nuestra profesión, así como alegorías al elemento agua, que nos transmitan felicidad, proyección y optimismo.
- Podemos atraer un aporte de energía adicional colocando instrumentos de viento en las paredes de nuestro despacho. El tamaño de los mismos dependerá de las medidas de la pieza, es decir, en una superficie reducida instalaremos pequeñas flautas, porque instrumentos de mayor tamaño podrían provocar ansiedad e irritabilidad en lugar de los efectos energéticos deseados. No obstante, conviene señalar que dichos instrumentos no deberán colgar de clavos punzantes.
- Si el despacho está situado al final de un largo pasillo, estará sometido a un flujo de energía frontal con la consiguiente propensión al estrés. Para paliar dicho efecto, nuestra recomendación es situar un pequeño ventilador blanco o cromado orientado en dirección a la entrada.
- En el lugar de trabajo deberemos evitar el color negro tanto en las mesas como en las estanterías, armarios, archivado-

res y en el resto del mobiliario. Un entorno de trabajo en el que predomine dicho color supone una absorción excesiva de energía.

Generalidades y principios básicos aplicables a todas las estancias de la casa

Independientemente de lo escrito hasta el momento, a la hora de crear un ambiente en nuestra casa, siempre nos dejaremos guiar por la intuición y el sentido común.

Todos poseemos una capacidad especial y una sensibilidad única a la hora de discriminar la influencia que ejercen sobre nosotros las cosas y objetos que nos rodean. Se trata de que procuremos «afinar» la intuición, dejándonos llevar por ella, que nos atrevamos a investigar y experimentar con la finalidad de que la energía fluya libremente, que el ambiente en el que desarrollamos nuestra vida no sea un lugar estancado ni que, por el contrario, la energía fluya con excesiva brusquedad, pudiendo alterar negativamente nuestra existencia. A pesar de lo mencionado, recomendamos tener en cuenta las siguientes apreciaciones:

- Cuando en una estancia haya columnas de cantos angulosos, la decoraremos con espejos. En el caso de que las columnas sean cilíndricas, suavizaremos su efecto tapizándolas con una tela.
- En estancias que tengan esquinas muy salientes, deberemos instalar en ella una gran planta o, si lo preferimos, colgar un precioso y amplio adorno colgante y sonoro.
- Si nuestra casa es de varias plantas y dispone de escaleras con huecos que impiden que la energía ascienda a las plantas superiores, colocaremos macetas con plantas verdes debajo de la escalera. La escalera suele ser otro foco de ten-

sión psicofísica. La mayoría de los casos de encantamiento nos muestran en estos lugares las apariciones de ectoplasmas y manifestaciones fantasmales. Sin duda, es una de las zonas donde las entidades «prefieren» manifestarse.

- Cuando vivamos en un espacio de techos muy bajos, podemos estar propensos a la depresión y a los dolores de cabeza, por lo que instalaremos espejos de diferentes tamaños para que nos ayuden a crear una mayor sensación de profundidad.

- Si por el contrario los techos son demasiado altos, podemos tener tendencia a la dispersión y a la falta de concentración. Para contrarrestar dicha circunstancia, colgaremos los objetos decorativos directamente del techo.

- Nos rodearemos exclusivamente de lo necesario y placentero. No es conveniente acumular objetos o ropa que no nos gusten o nos traigan malos recuerdos.

- Procuraremos arreglar las averías de manera inmediata y no conservaremos en la casa objetos que estén deteriorados o rotos.

- Es importante que los cambios en el hogar los introduzcamos de forma paulatina, observando cómo van influyendo en nuestro estado anímico y quehacer diario.

Los espejos

El espejo es un objeto que se encuentra profundamente enraizado en nuestra cultura a través de cuentos, fábulas, parábolas y tradiciones.

Empezando por el espejo mágico que acompañó nuestras veladas infantiles, el primer «chivato» de la historia que provocó nuestros miedos y la notable sensación de que este hermoso utensilio era como un ojo divino, al que nada escapaba a su mirada, espejo propiedad de la bruja-reina del cuento, señora de la ambición, el control y el poder. Espejo que representaba una primera referencia a la vanidad y al miedo a envejecer. Instrumento poderoso, sincero y cruel. Primer aliado de la malvada y, sin embargo, hermosa madrastra de Blancanieves. Siguiendo con nuestras lecturas adolescentes, conviene señalar también al cuento de Lewis Carroll titulado *Alicia a través del espejo*, que supone un juego psicológico que por elemental no deja de ser una ecuación matemática que decanta la lógica hacia una cierta forma de filosofía inocente y soñadora y que, además de hacernos pensar, también nos invitó a soñar.

Como podemos comprobar, existe una notable bibliografía que tiene al espejo como protagonista. Espejos que siempre responden la verdad, espejos malditos, espejos de poder, espejos que reflejan las más oscuras inclinaciones de quien se contempla en su luna. Espejos alquímicos, espejos que conceden la eterna juventud y espejos cuyo reflejo potencia estados alterados de conciencia. Espejos que son incapaces de reflejar las figuras vampíricas. Espejos misteriosos de pátinas milenarias, lamidas por dragones, vigiladas por terroríficas gárgolas y protegidos por hechizos y contrahechizos. Espejitos nacidos de las más ancestrales supersticiones populares, que ligan a lustros de infortunios a quienes han osado romper su superficie. Espejos, en fin, que tienen la capacidad de alterar los campos de energía y que ligan su destino al de la persona que los usa y posee.

Pero tradiciones, misterios y fábulas a un lado, como habremos podido comprobar, el espejo es uno de los protagonistas principales del capítulo que nos ocupa. Y, por eso, dicho objeto merece un tratamiento especial y unas recomendaciones de ubicación y cuidado que seguidamente vamos a ir detallando:

- Los espejos son potentes transformadores de energía que debemos colocar en el hogar de manera cuidadosa y selectiva, dado que son un excelente recurso a la hora de corregir las zonas erróneas de la casa.

- Salvo en el caso de que recubran una columna, con un espejo por habitación es suficiente. Si fuese necesaria la aplicación de alguno más, éste debería ser de tamaño pequeño.
- Deberemos tener en cuenta que un exceso de espejos puede crearnos sensaciones de mareo, náuseas y desconcierto.
- Se pueden utilizar espejos para que doten de más luz o energía a zonas inconvenientemente oscuras. Un espejo también será útil a la hora de agrandar ópticamente las estancias.
- Los espejos también pueden ser utilizados para doblar simbólicamente la energía. Por ejemplo, un espejo que refleje una caja registradora puede ayudarnos a incrementar la facturación. Un espejo situado detrás e las estanterías de una tienda potenciará las ventas.
- No es conveniente colocar un espejo que refleje un escritorio, ya que lo único que conseguiremos es que nuestro trabajo se vea aumentado sin que ello represente una mayor productividad en forma de beneficios.
- Antes de colocar un espejo, seremos muy cuidadosos con el orden reinante en la estancia. Si ésta no se encuentra en perfecto orden e higiene, lo único que conseguiremos es que el descontrol emocional se vea incrementado.
- Un exceso de espejos en las habitaciones puede ser causa de insomnio.
- En las habitaciones infantiles es preferible que prescindamos de espejos de gran tamaño. Si son necesarios o el niño los pide, deberán ser pequeños y de forma redondeada.
- Cuando colguemos un espejo, deberemos tener presente que no es positivo que ninguna de las figuras que se vea reflejada en su superficie quede cortada por arriba o por abajo. Si el espejo sólo refleja una parte del cuerpo, la persona en cuestión puede padecer trastornos físicos en la zona que el espejo excluye.

- Deberemos colgar el espejo de manera que al reflejarnos quede un espacio considerable alrededor de la cabeza. Ello nos permitirá expandir nuestras posibilidades mentales.
- Nunca situaremos los espejos de manera que uno refleje al otro. Si lo hacemos así, la energía rebotará y se desperdiciará considerablemente.
- Siempre clavaremos los espejos en lugares que reflejen vistas agradables, ya que nuestro bienestar y optimismo se verá potenciado.
- No debemos utilizar azulejos espejados, tan de moda en murales y recibidores, ya que éstos diseccionan la figura y como consecuencia pueden fragmentar nuestra vida.
- Los espejos convexos sirven para dinamizar la energía, pero un abuso de ellos, como sucede con ciertos fármacos, puede ser contraproducente.
- Respecto al mantenimiento de los espejos, procuraremos que estén siempre limpios. Las lunas deslustradas conllevan opacidad en los resultados pretendidos.
- Los espejos que se ven afectos por una autofisura, es decir, producida sin que ningún golpe, accidente o la mano del hombre haya provocado su ruptura, deberán ser eliminados inmediatamente.

No quisiera finalizar este apartado sin advertir de algunos de los graves peligros que en las casas embrujadas pueden suponer los espejos. Para empezar, tendremos mucha precaución con los espejos antiguos, cuyas lunas, en el caso de que presenten manchas, deberán ser renovadas. Amén de ello, nunca sabremos a quién han reflejado y de qué negaciones han sido testigos.

Si un espejo no se usa, es preferible que la luz no se refleje en él. Por consiguiente, lo indicado es mantenerlo tapado con una tela. No es un mero capricho, un fenómeno de infestación podría nacer en un espejo sólo y abandonado, mucho más cuando se encuentre apoyado de forma inclinada contra la pared. Los espejos inclinados provocan efectos indeseables. Recordemos los casos de «Amityville» o el de «Sous-Rock» que inspiraron sendas películas de terror de serie B. En realidad, en ambos lugares, totalmente inconexos, diferentes personas morían presas de ataques de pánico e histeria al ver reflejados en los espejos del suelo los espíritus de sus difuntos más recientes que les hablaban y reprendían desde el otro lado.

La importancia de mantener el orden

La energía saludable es la energía en movimiento. Vivir en un ambiente desordenado propicia el estancamiento, ya que cuando el desorden reina y se acumula, las energías se contaminan y paralizan. Pensemos en la sensación que nos produce contemplar un recipiente que pueda contener agua estancada, por ejemplo una pecera vacía. Además de provocar tristeza y malestar visual, ofenderá el sentido del olfato.

Sucede a menudo que las personas que viven en una especie de desorden patológico se justifican alegando falta de energía para remediarlo. Entran en un círculo vicioso, se sienten abatidos y avanzan por la vida como si arrastrasen pesadas cadenas. Se encuentran sujetos a recuerdos y pertenencias que amontonan junto a los fracasos y se atan a ellas por medio de cables anclados en tiempos pasados, asaetados por las malas experiencias. Si dichas personas no acceden a desprenderse tanto de los recuerdos como de los objetos que actúan como perpetuos recordatorios, nunca van a tener la energía suficiente para cambiar su vida. Claro que también todo ello puede deberse a que estén padeciendo los síntomas ya referidos de las casas malditas.

Si buscásemos una definición de la palabra desorden, la podríamos resumir como: un conjunto de cosas que se guardan, se amontonan y que incluso se archivan, pero que son inútiles. A menudo guardamos elementos por avaricia, «por si alguna vez lo necesito», «por si no puedo permitirme tener otro igual» y, fundamentalmente, «por si vienen tiempos difíciles».

Guardando todas estas cosas «por si acaso» en previsión de épocas de austeridad, estamos preparando nuestro subconsciente a situaciones futuras de necesidad, llegando a autoconvencernos de futuros mensajes de penurias. Si almacenamos objetos por esta razón, estamos transmitiendo un mensaje de desconfianza sobre nuestra capacidad de proveernos, por lo que siempre nos vamos a sentir vulnerables e inseguros respecto al futuro.

El orden no tiene nada que ver con personalidades maniáticas, obsesivas o minimalistas. Pero es cierto que un orden compulsivo no estimula la creatividad. Cuando trabajamos en un proyecto, supongamos de índole profesional, la estancia donde lo desarrollamos se llena de él y se esparce en cada trozo de papel, en cada anotación y en cada libro que se amonta en la mesa. Por lo tanto, es muy conveniente que cada nuevo día ordenemos, ventilemos y guardemos lo que no nos es imprescindible. Con dicha acción, empezamos la labor con nuevas energías y ánimos. Trabajar en un completo desorden y desorganización potencia bloqueos; si guardamos las cosas una vez que han sido utilizadas, dejaremos un lugar para que una nueva circunstancia suceda.

Otro punto esencial es realizar un autoanálisis y observar cuáles son los lugares que solemos mantener en desorden y las alteraciones físicas y emocionales que podemos padecer con el mismo. A continuación ofrecemos unas pequeñas pistas:

• Unos bajos o garaje desordenado representan un subconsciente caótico en el que nos vemos incapacitados de tratar ciertos temas declarados como tabúes.

- Almacenar cosas en el desván puede poner freno a nuestras ambiciones y aspiraciones, paralizando la capacidad de superación.

- Si los trastos se amontonan en la estancia que representa la entrada principal de la casa, nuestra energía caerá en picado y no nos apetecerá para nada traspasar el umbral.

- Los pasillos son las arterias de la casa. Acumular objetos y trastos en ellos obstruye el flujo de energía y nuestra vida puede convertirse en una cotidianidad obstruida y pesada.

- Dejar objetos y cajas debajo de las camas influye negativamente en el descanso. Si debajo de la cama tenemos cajones, lo único que deberemos guardar en ellos será ropa limpia. Si nos lo podemos permitir, lo mejor es que en nuestra habitación sólo se encuentre la cama.

- La parte alta de los armarios suele ser también un almacén trastero con los consiguientes efectos negativos. Tal acumulación nos remonta al hecho de que nuestros problemas permanecen «colgados» y pendientes de solución. La infestación de la parte alta de los armarios también nos puede suponer obstrucción en la claridad de pensamientos, dolores de cabeza y despertarnos de la cama de manera más pesada y menos viva.

- El armario ropero es otro importante lugar que debemos cuidar. Deberemos prescindir de la expresión «por si vuelve a estar de moda» y eliminar la ropa que en dos años no nos hemos puesto. Pasamos por etapas emocionales distintas en las que escogemos texturas, cortes y colores que se adecuan más a nuestra situación mental del momento. También se da la circunstancia de personas que tras comprarse una prenda de ropa, la usan sólo un día y no vuelven a ponérsela.

- Como último apunte, vamos a referirnos a este tipo de personas que mantienen su hogar en un perfecto orden pero que aceptan guardar en él los trastos de los demás: «Tú, que tienes espacio, por favor, guárdame estas mantas, alfombras, maletas...» Cuidado. Si decidimos aceptar el compromiso, lo haremos sabiendo qué es lo que introducimos en nuestro hogar. Sin ser alarmistas, destacaremos que un porcentaje muy alto de maleficios vienen de la mano de «inocentes objetos» regalados o albergados temporalmente en casas ajenas.

LOS COLORES Y SU INFLUENCIA

El color es una sensación visual producida al incidir en la retina las radiaciones luminosas u ondas electromagnéticas procedentes del sol y que son difundidas o reflejadas en los cuerpos. La sensación del color es el resultado de un complejo proceso en el que no sólo intervienen las propiedades de los objetos y la luz que los iluminan: una mezcla de elementos objetivos y subjetivos concurren en el mundo de las sensaciones. De lo que no hay duda es de que nuestra respuesta a la luz y al color está profundamente arraigada en el sistema nervioso.

Todos los seres vivos evolucionamos hacia la luz y el color y nuestras preferencias pueden obedecer a estados anímicos particulares o a estados de equilibrio glandular.

Frases como: «hoy tengo un día negro»; «tu afirmación carece de color»; «ponerse de mil colores»; «sacarle a uno los colores»; «esto empieza a tomar color»; «estar amarillo de envidia»; «tener pensamientos verdes»; «tener el alma negra»; «estar gris como un muerto»; «tener el blanco color de la inocencia» o «ver la vida de color de rosa», son expresiones habituales que salpican nuestra vida y nos dan una idea de la importancia que tiene el color a la hora de comunicarnos con los demás y describir las sensaciones, ya que provocan una vibración en nosotros y en la forma de ver las cosas.

Los colores pueden también reflejar una parte de nuestra intimidad, nuestros gustos, el estado anímico y la forma de ver la vida. De hecho, podríamos decir que los colores son una parte de la personalidad inconsciente del ser humano y también una forma de llamar la atención a nuestro subconsciente. Los colores que vemos al entrar en una casa o los que vamos a aplicar en la propia van a determinar la manera en que nos vamos a sentir en este espacio y las realizaciones que vamos a obrar viviendo en ella. Antes de elegir un color determinado sería conveniente sentarnos en la habitación que se va a pintar e imaginárnosla vestida con el tono elegido y ver qué sentimientos despiertan en nosotros los diferentes matices. Una vez que hayamos seleccionado el color con el que pintaremos las paredes, iremos a una tienda especializada y examinaremos diversos muestrarios hasta localizar el color que hemos visualizado en nuestra imaginación, adquiriendo un bote pequeño para realizar una pequeña prueba antes de la decisión final.

En cuanto a materiales y pinturas domésticas, es preferible que adquiramos unos de buena calidad, ya que el producto escogido influirá en el aspecto global de las paredes. Una pintura barata puede tender a perder color de forma más rápida y cundir bastante menos. Aunque las pinturas desleídas en aceite son ecológicamente menos correctas, absorben y conservan la energía más eficazmente que las disueltas en agua. Su único inconveniente es que frente a una mudanza de piso, las paredes retendrán por mucho más tiempo las vibraciones energéticas de los antiguos inquilinos.

Blanco

Las vibraciones blancas son las longitudes de onda más rápidas del espectro de colores, siendo también el color que engloba todos los demás.

El blanco nos sugiere el color del alma, la palidez del difunto, pero también virginidad, pureza, espiritualidad y muy especialmente representa la luz. Fomenta la comprensión y es un tono cuya energía es capaz de transformar el punto focal de la imaginación. El blanco nos conduce a la armonía y puede ser también un color curativo ideal para cualquier habitación, ya que su energía encierra el poder de la transformación.

El tono que nos ocupa puede utilizarse en cualquier estancia de la casa siempre y cuando no lo tomemos como color exclusivo. Un exceso de blanco puede dar la sensación de que nuestra casa es estéril, con falta de atractivo, poco acogedora e inaccesible.

Aconsejamos combinar el blanco con elementos y complementos de color, o que procuremos, mediante mezcla, matizar el blanco con tonos de melocotón, dorado o azul.

Negro

El negro simboliza el vacío de la transición, de ahí que muchos adolescentes en su fase de autobúsqueda utilicen prioritariamente este color en sus decoraciones y vestimentas.

El color negro también es sinónimo de misterio, muerte, tinieblas y dolor. Es el tono que predomina en las casas malditas. Representa la capacidad de adentrarnos en las profundidades de lo desconocido, en el reino de los sueños quiméricos y de las utopías. Evidentemente, dicho color suele simbolizar la oscuridad emocional y cuando este color cuelga de manera excesiva en nuestro armario ropero, manifiesta tanto sentimientos de neutralidad como una puerta abierta a la depresión. También es un color escogido para mostrar encubrimiento o disconformidad frente al mundo.

De la misma manera que el color blanco repele las malas vibraciones, el negro las absorbe. Es el tono que representa el principio y el final, el silencio y el sosiego, la espiritualidad y el mundo interior. No es extraño que los hábitos de la mayoría de órdenes religiosas sean de dicho color, ya que centra la atención de la persona que lo lleva hacia paradigmas del espíritu. Recordemos que en Occidente el negro es el color del luto frente a la muerte de un ser querido. Este tono será el idóneo para procesar sentimientos de dolor y pesar.

En cuanto a las aplicaciones del color negro en el hogar, conviene señalar que un exceso de dicho tono puede resultar agobiante, deprimente e insano. Sin embargo, los complementos negros pueden dar un aire personal y dramático, dotando de mucha fuerza a la estancia, ayudando a destacar aquellas piezas o rincones que creamos más interesantes.

Azul

El azul es el primer color dentro del espectro de colores fríos. Es un color que sugiere calma y serenidad, potenciando la paz interior, la meditación y la relajación. Nos ayuda a vivir según los propios ideales y favorece tanto la inspiración como el entendimiento espiritual, la fe y la devoción. Suele ser una de las tonalidades de color de los ectoplasmas.

Este tono fomenta la amabilidad, el amor incondicional, el cuidado, la compasión, la paciencia y la serenidad a la hora de enfrentarnos a los problemas. Además, también se emplea para aliviar el dolor, especialmente el de las articulaciones.

Si pintamos de azul las estancias donde descansan personas hiperactivas, especialmente niños, dicho tono será un fuerte aliado a la hora de aprender a relajarse. También es el color ideal para cualquier tipo de dormitorio e incluso se suele utilizar para las salas destinadas a meditación o para cualquier estancia que requiera transmitir sensación de paz y equilibrio.

Verde

El verde es un color sanador y revitalizante. Se encuentra en un punto medio entre los cálidos naranjas, amarillos y rojos y los tonos más fríos como el violeta, el añil y el azul. Estimula los sentimientos de equilibrio, armonía y paz favoreciendo el desarrollo interno y la esperanza. Es el color que más presente se encuentra en la naturaleza, lo que nos remite a su simbolismo como fuente de vida. Es el tono más indicado para aquellas personas que han sufrido un desengaño amoroso o que se encuentran convalecientes de una larga enfermedad.

El verde puede emplearse en cualquier habitación de la casa, ya que en él conviven tanto los efectos de revitalización como de sosiego. Puesto que el cuarto de baño simboliza la purificación y la renovación, es muy indicado tener presente este color en dicha estancia, pero siempre en tonalidades primaverales, frescas y claras, procurando no utilizarlo en los matices más apagados u oscuros.

Púrpura o violeta

El color púrpura se asocia a menudo con el conocimiento psíquico y la intuición. Los amantes de este color suelen ser personas que confían en sus posibilidades y en lo que les depara el futuro. Están muy capacitados para pensar en términos abstractos, con toques de ingenio y genialidad y poseen la cualidad de saber contactar con el universo privado de los demás.

El color púrpura estimula enormemente tanto las perspectivas espirituales como la intuición; no en vano es uno de los tonos con los que vemos que se manifiestan muchas presencias espirituales.

Dado el poder de este color, deberemos abstenernos de pintar una habitación enteramente de púrpura. Lo indicado es utilizarlo como nota de color, combinándolo con blanco, verde e incluso con dorado o amarillo. Si deseamos utilizarlo en nuestra sala de meditación o de lectura, deberemos mezclarlo con el blanco hasta obtener un precioso y delicado azul lavanda con matices violeta.

Amarillo

El color amarillo enriquece las emociones y estimula tanto el intelecto como la comunicación, y es el último en la gama de colores cálidos e introvertidos, por debajo del rojo y el naranja. El amarillo también se ve asociado con la perspicacia mental, la inteligencia, la organización, la evaluación, la atención al detalle, la sinceridad, el elogio y la armonía con el entorno.

Es un color que estimula los logros académicos, la memoria, la disciplina y la administración del tiempo, ayuda a concentrarse y otorga flexibilidad y adaptación a los cambios.

El amarillo resulta un color excelente tanto para las estancias destinadas al estudio como para las que se utilizan como despacho de trabajo. También podrá utilizarse en cualquier habitación donde se quiera fomentar la comunicación y el buen entendimiento. Las cocinas en las que predomina el color amarillo suelen ser lugares de reunión tanto para los amigos como para la familia. Este color potencia la fluidez verbal y la confidencia, siendo al mismo tiempo un tono que produce sentimientos optimistas y edificantes. El amarillo es el color indicado para las habitaciones infantiles, ya que fomentan el sentimiento de autoestima y contribuye al desarrollo de los procesos mentales.

Finalmente, conviene señalar que el color amarillo contribuye eficazmente a la creación de las defensas del cuerpo contra enfermedades contagiosas.

Naranja

Es un color cálido y estimulante, con vibraciones más claras e intensas que las del rojo. Está relacionado con la autoafirmación y el amor propio. Recomendamos usar dicho color cuando pasemos por situaciones de inseguridad personal y ante preocupaciones que puedan tornarse en obsesiones, pues potenciará mayor equilibrio, amor propio y seguridad en nosotros mismos. El naranja es el color universal que cubre a las personas que nos hacen reír; los payasos de todo el mundo lo utilizan, ya que estimula el sentido del humor, el optimismo, la generosidad, el cambio, el espíritu de lucha y el entusiasmo. Nos da sensación de bienestar, es llamativo y afectuoso, es sociable y tolerante y nos da un correcto sentido de la comunidad.

Los ambientes decorados con este color ofrecen una sensación de apertura, siendo especialmente recomendable para aquellas estancias donde las personas deban reunirse para relacionarse y divertirse, también es ideal para aquellos lugares donde se organicen fiestas. Debemos avisar, no obstante, que el naranja no es adecuado para aquellas personas que tengan sobrepeso, ya que es un color que estimula el apetito.

Rojo

El rojo es un color cálido y activo que incita al cuerpo físico y lo predispone a efectuar acciones directas. Da vigor y fuerza, activa la tenacidad e impulsa el deseo sexual. Es el responsable de poner los medios para que superemos estados de apatía, depresiones, miedos, tristeza y melancolía. El rojo es el color de la adrenalina, del fuego, del impulso y el entusiasmo. Proporciona fuerza y motivación hacia las acciones que emprendamos, ayudándonos a alcanzar las metas fijadas. El color activa, asimismo, las ganas de trabajar y la fuerza física.

A pesar de lo dicho, el rojo no es el color más indicado para pintar un dormitorio, ya que conciliar el descanso y el sueño sería ardua tarea. Sin embargo, conviene recordar que estimula la actividad sexual, por lo que sí puede ser conveniente que en dicha pieza pongamos complementos y detalles en rojo. En habitaciones destinadas al trabajo o a hacer ejercicio físico es conveniente que el rojo tenga su presencia, puesto que dicho tono activa y facilita el movimiento y la actividad energética.

Si nos encontramos en un momento de falta de objetivos, pasividad y poca resolución, tendremos en cuenta que pintar una pared de rojo preferentemente decantándose por el matiz escarlata o el carmesí, sin caer en granates o amarronados, potenciará una perspectiva de positividad, acción e iniciativa.

Rosa

El color rosa representa el amor y la dulzura. Al ser el color de la carne, también está asociado a la sensualidad, a la juventud y a las emociones. Si queremos atraer el amor, si deseamos ser cuidados y mimados, utilizaremos suaves tonalidades para pintar nuestra casa. Al hacerlo así estaremos admitiendo nuestra necesidad y potenciando que el deseo de protección se haga realidad.

Marrón

El color marrón está relacionado con la tierra. Suele ser utilizado por las personas que sienten poco aprecio por sí mismas, que se sienten desvalorizadas y que padecen algún tipo de rechazo interior. Debido a su tipo de vibración energética, no es un color aconsejable para aquellas personas que presenten problemas de salud, tanto si son de tipo físico como psicológico y anímico.

El marrón tampoco será recomendable si lo que deseamos potenciar son relaciones de intimidad y confianza. No es oportuno pintar las paredes ni las puertas o ventanas de este color si son de tamaño grande, ya que frenan en exceso la circulación de la corriente energética.

No obstante, como no hay colores totalmente negativos, el marrón podrá ser utilizado como ayudante a la hora de centrar a las personas, pero siempre de forma moderada y eligiendo los matices más cálidos y dorados.

Gris

El gris es un color neutral que en algunos casos simboliza sabiduría y experiencia, pero también es un tono que apaga las intenciones, la imaginación y las emociones. Si una persona siempre viste de gris tiende a la apatía, a la manipulación y a dejarse llevar por las circunstancias sin manejar su vida en primera persona.

El gris debe estar en nuestra vida solamente en los momentos en los que deseemos delegar nuestras decisiones en otras personas o cuando deseemos pasar un tanto desapercibidos, sobre todo cuando no queramos tomar responsabilidades ni adquirir ningún tipo de protagonismo.

COLORES EN LA ZONA DE TRABAJO

¿Quién no recuerda las antiguas fábricas, escuelas o comisarías pintadas, casi sin excepción, en tonos grises o marrones? Su efecto responde a una lógica cromática aplastante: se utilizaban estos colores, aunque de manera inconsciente, para que la gente no pensara, no actuase, no tuviera iniciativa, anulase sus emociones y no creara problemas.

Tanto el gris como el marrón son colores rígidos, por lo que el empresario debería pensárselo dos veces a la hora de escoger dichos tonos para pintar o decorar su empresa. Lo ideal y lo que marca el sentido común es adecuar el color a cada ocupación o actividad, como por ejemplo utilizar tonos verdes, naranjas o amarillentos en las zonas de producción ágil, como puedan ser la recepción y el lugar seleccionado para atender al público; utilizar colores reflexivos como el salmón o la gama de azules claros o pastel para dependencias en las que deban realizarse proyectos; emplear abundancia de rojos en aquellas zonas de reclamo o donde deban elaborarse productos de entrega inmediata y tonos pastel para aquellas zonas donde se tenga que reunir un número considerable de personas, sean de la edad que sean.

Si se tienen en cuenta las consideraciones anteriores, la gerencia conseguirá que los trabajadores reciban la vibración más acorde con la labor que realizan, cumpliendo un doble objetivo: que el personal trabaje de una forma más cómoda y armónica y que la productividad gane en calidad y eficacia.

CONSTRUYENDO NUESTRA CASA

Si construimos nuestra propia casa, tenemos la oportunidad excepcional de conectar con ella desde el tejado hasta los cimientos más profundos, pudiendo escoger desde su ubicación hasta la distribución y materiales a utilizar. Con todo ello lograremos generar la clase de energía que impregnará nuestro hogar para siempre.

Una vez sepamos dónde construimos la casa, deberemos visitar el terreno, pasear por él, recorrerlo con la mirada, hablar con él e incluso dormir sobre su suelo. Una vez establecido el contacto, hundiremos nuestras manos en la tierra, nos presentaremos formalmente y pediremos permiso a la tierra para ubicar allí lo que en el futuro será nuestro hogar. Pediremos a la energía de la tierra que nos proteja y ampare desde los planos físico, mental, espiritual y afectivo. Con todo ello conseguiremos que las energías telúricas actúen positivamente a nuestro favor, potenciando la fusión con la naturaleza de la que procedemos.

SI LA VIVIENDA YA HA TENIDO ANTIGUOS PROPIETARIOS O INQUILINOS

Si nuestra vivienda no es estrenada por nosotros, procuraremos averiguar cuál era la situación de los antiguos propietarios o inquilinos, puesto que a pesar de la actual ausencia, su energía permanece en todos los rincones de la casa.

Antes de entrar a vivir en la casa, procederemos de la siguiente forma:

• Limpiaremos la casa de arriba abajo con productos naturales como puedan ser la sal, el limón o el vinagre, tanto de vino como de manzana. Nos dedicaremos a eliminar residuos de paredes, techos, ventanas, cristales, alicatados, griferías, interior y exterior de armarios de cocina y de armarios empotrados, soportes de enchufes, tuberías y tendido eléctrico que esté a la vista. En definitiva, absolutamente todo lo que haya estado en contacto energético con los antiguos inquilinos. No obstante, no nos conformaremos con realizar una simple pero pesada limpieza profiláctica.

• A medida que vamos limpiando físicamente todas las superficies, visualizaremos que con el agua también se van disolviendo las emanaciones anteriores.

- Una vez que la limpieza esté finalizada, procederemos a golpear nuestras manos como si aplaudiéramos un mínimo de tres veces en cada una de las esquinas de las habitaciones, empezando por la zona más alta de la pared y terminando a ras de suelo. Pediremos al mismo tiempo que la energía en ella depositada abandone tranquilamente el lugar.

- Pondremos un cuenco pequeño con sal y vinagre de manzana en el punto norte de cada estancia de la casa. En el centro mismo de las piezas, pondremos un recipiente resistente al fuego y en él quemaremos salvia, vainilla y hojas o corteza de cedro. Dicha operación la deberemos efectuar a diario durante una lunación completa.

- Realizaremos todas las operaciones citadas a horas solares y con las ventanas completamente abiertas. Tendremos en cuenta que todas las operaciones que realicemos al trasladarnos a una nueva casa generarán un tipo de energía que estará presente mientras permanezcamos en ella.

- Además de pintar y adecuar la casa a nuestras necesidades siguiendo las instrucciones descritas en el presente libro, no es conveniente que conservemos ningún objeto personal del antiguo inquilino.

- El momento del traslado también es importante. Embalaremos cuidadosamente nuestras pertenencias, reconociéndolas una a una y cargándolas de energía positiva. Sellaremos perfectamente las cajas y cuando ya estén en el nuevo domicilio, desembalaremos con atención y mimo y limpiaremos los objetos de manera que difundan su belleza con alegría por la atmósfera de nuestro nuevo hogar.

- Otro punto fundamental es la ceremonia de mudanza. En muchas tradiciones, los sacerdotes bendicen la casa y piden al espíritu de la misma que proteja a sus nuevos habitantes, dando paso a una celebración colectiva. Hay quienes también tienen en cuenta la elección del día de mudanza a través de la observación del mapa celeste y de las cartas astrales de los nuevos habitantes de la casa. Nosotros también podemos crear nuestra particular celebración del día de mudanza que se ajuste a nuestras creencias, estilo personal e intuición. Lo importante es realizar cualquier acto que reverencie el hecho y que ponga en festiva evidencia que estamos empezando un nuevo ciclo de vida.

CUANDO SEAMOS LOS PRIMEROS HABITANTES

DE UNA VIVIENDA

Seguiremos uno a uno los pasos citados en el apartado anterior, ya que tanto los materiales de construcción como los operarios, aparejadores y arquitectos pueden no haber tenido en cuenta las normas más elementales de profilaxis energética. Con todo ello, evidentemente, el ambiente estará más despejado que en caso de que haya estado habitada por una persona o familia.

Aunque se trate de un edificio alto de apartamentos, intentaremos congraciarnos con el suelo en el que se enclava tomando un puñadito de tierra de un parterre o jardín cercano, pasando a honrarla y a pedirle permiso y que su emanación energética favorezca nuestra estancia sobre su enclave.

SELECCIONES MÁGICAS

Para ayudarnos a limpiar energéticamente el lugar donde vamos a vivir, también podemos acceder a la ancestral sabiduría de la magia, que nos permite recurrir a un gran número de remedios muy prácticos para lograr que nuestros hogares sean un recinto sagrado, especial y que dé buena suerte o vibración.

Como veremos, se tratará de hechizos, fórmulas y algún que otro ritual, pero como en el fondo nuevamente estamos tratando de temas energéticos, debemos tener precaución y poner en marcha sólo aquello de lo que realmente estemos seguros. Si dudamos, si pensamos que el ejercicio es una pérdida de tiempo o no creemos en lo que estamos haciendo, mejor que no lo pongamos en práctica.

SISTEMA PARA PURIFICAR UNA CASA

El remedio nos ayudará a quitar las impurezas o cargas negativas de la vivienda. Como es evidente, la realización de este trabajo es extensivo a un despacho, oficina o centro comercial.

Para llevar a cabo el trabajo sería bueno contar con la participación y predisposición de los moradores de la casa o personas que trabajen en ella. Si no contamos con su disposición, protegeremos igualmente su energía usando en su desarrollo una fotografía tras la que escribiremos sus nombres y apellidos.

Necesitaremos también un paquete de sal marina, ya que debemos repartir al menos un puñado en cada una de las habitaciones en las que deseemos una purificación. De igual forma, tenemos que recurrir al incienso, en este caso con aroma de limón, en cantidad de una varilla por estancia.

Comenzaremos el proceso reuniendo a los moradores o trabajadores del recinto. Las personas participantes se colocarán en círculo, en el recibidor de la casa o en el lugar más céntrico del lugar de trabajo. Allí reunidos intentarán emanar positividad y armonía a su alrededor. Por supuesto, si el único participante es el operador, deberá llevar con él las fotografías de las otras personas.

La persona encargada de oficiar el acto colocará en un recipiente hondo el contenido del paquete de sal. Acto seguido, sosteniendo el recipiente entre sus manos, recorrerá cada una de las estancias del recinto. Desde la puerta de entrada invocará mentalmente a las energías positivas, pidiendo su ayuda y protección. Seguidamente tomará un puñado de sal y lo repartirá por el suelo o en su defecto lo depositará en las esquinas de la habitación. En el momento de tirar o depositar la sal, el oficiante pensará que con esa acción está purificando el espacio que le rodea.

Una vez que la sal se haya repartido por todas las estancias, encenderemos en cada una de ellas el incienso que debemos dejar consumir hasta el final.

Cuando el incienso haya terminado su combustión, será necesario abrir las ventanas de todas las habitaciones al tiempo que se barre, en dirección a la puerta, los restos de ceniza y la sal depositada en el suelo. Es muy importante que se barra en lugar de aspirar, ya que al hacerlo la energía del oficiante participa nuevamente del acto mágico.

Los restos de los materiales empleados se deben tirar a la basura inmediatamente. Serán depositados en el contenedor por el oficiante, quien al realizar la acción dirá mentalmente: «ahora alejo definitivamente el mal».

LA LIMPIEZA PROTECTORA

Ya hemos comentado en otros apartados la importancia que tiene que una casa esté limpia y bien ordenada. Uno de los sistemas para eliminar impurezas energéticas en el hogar consistirá en hacer algo tan simple como barrer y fregar la casa, con el acicate de que en este caso será de una forma mágica.

Para realizar estas operaciones, sólo necesitamos una escoba con mango de madera y cepillo lo más natural posible, así como una fregona, también natural.

Antes de comenzar el procedimiento, el oficiante deberá relajarse y pensar en la acción que realizará. Cuando la relajación sea un hecho y teniendo en su mente la intención de eliminar todo lo que pueda ser negativo para el hogar, el operador comenzará a barrer todas y cada una de las estancias en dirección a la puerta de la calle. Cuando la habitación esté barrida, se depositará la suciedad recogida en el interior de una bolsa de basura de color negro, al tiempo que se emite un pensamiento que relacione el acto con la eliminación de la energía negativa.

El siguiente paso consistirá en fregar todas las estancias. Para llevar a cabo el fregado, nuevamente entraremos en concentración de la acción que vamos a realizar: eliminar todavía más la suciedad psíquica y «purificar» el recinto.

Para fregar debemos emplear agua corriente del grifo y sal marina. La proporción adecuada será de un kilo de sal por cada diez litros de agua. Antes de derramar la sal en el agua, debemos sostenerla en las manos pensando en que nos ayudará a limpiar y purificar el recinto. Después la tiraremos en el agua y la mezclaremos bien.

El fregado debe realizarse con normalidad, como si lo hiciéramos con detergente. La única diferencia es que debemos fregar siempre en dirección a la puerta de la habitación y pensando que estamos realizando una acción que nos ayudará a eliminar la energía negativa que nos ha rodeado durante los últimos días u horas.

Cada vez que tengamos que cambiar el agua, la tiraremos al inodoro al tiempo que pensamos que el mal o la suciedad se aleja definitivamente de nuestro hogar.

Daremos por finalizado el ritual cuando tengamos barridas y fregadas todas las estancias de la casa. Si lo deseamos, en ese momento podemos recurrir a una aireación abriendo todas las ventanas. También será factible perfumar la casa con un poco de ambientador natural a base de incienso.

CEREMONIA PARA DESALOJAR A INDESEABLES

Está claro que una visita inoportuna nos puede molestar, pero cuando además su presencia genera un mal ambiente en la casa y provoca tensión o desarmonía, es momento de pasar a la acción mágica de la mano de otro antiguo ritual que al parecer tiene un grado de efectividad muy alto. Eso sí, nos ayudará a que las personas no deseadas se marchen antes, pero no nos limpiará la energía.

En primer lugar, debemos contar con una escoba de fibra natural, que no sea plástica. Si buscamos un poco, podemos encontrar alguna escoba antigua que por su estética pueda permanecer a la vista sin resultar «sospechosa». Dispondremos también de amoniaco, pimienta negra molida, sal marina fina y esencia de benjuí.

Empezaremos haciendo un acto de concentración, tomando la escoba con las manos y pensando en las personas que creemos que generan malas vibraciones en nuestro hogar. Al tiempo que visualizamos los rostros, iremos mencionándolos en voz alta de forma que podamos fijar mejor la atención en ellos.

Tras el paso anterior, colocaremos la escoba en el lugar más cercano de la puerta de la casa, situándola de forma que la parte del cepillo quede hacia arriba, mirando al techo. Sobre el cepillo derramaremos unas gotas de amoniaco. Pasados unos minutos procederemos a añadir la sal y la pimienta.

Nos mantendremos unos cinco minutos contemplando la escoba; después mojaremos el pulgar y el dedo corazón de la mano derecha con la esencia de benjuí e impregnaremos las puntas del cepillo de la escoba. Acto seguido, diremos en voz alta el motivo que nos ha llevado a la preparación de este objeto mágico, dejando claro en nuestra alocución que no lo hacemos para obrar el mal hacia nadie sino para protegernos de quienes perturban la paz de nuestro hogar.

Como ya hemos indicado, sería bueno que este objeto de ayuda mágica estuviese siempre preparado en la casa. En el caso de que la visita se presente de improviso, procederemos a limitar el ritual salpimentando la escoba colocada al revés y pensando en que esa persona abandone nuestra casa cuanto antes.

FUMIGACIÓN PARA LA POSITIVIDAD

Una de las propiedades que poseen determinadas fragancias es que nos ayudan en la ambientación de la casa al tiempo que permiten que la energía fluya con mayor libertad y armonía.

Cuando en la vivienda vemos que existen ciertas perturbaciones de la índole que sean, o que la energía que captamos es negativa o incitadora a sentimientos de incomodidad, podemos realizar un sencillo ritual de fumigación.

Ante todo, precisaremos desplazarnos a una herboristería para proveernos de ruda, romero, menta seca y canela en polvo. A todo ello le añadiremos un pequeño cacto que machacaremos, una corteza de limón y un par de carbones de barbacoa.

En un recipiente de barro, al que le añadiremos un poco de alcohol de quemar, depositaremos de forma generosa una porción de cada una de las plantas citadas, más la corteza del limón y el cacto. Prenderemos todo ello con una cerilla de madera y lo situaremos en el centro de la casa o en aquella habitación en la que hemos notado perturbaciones. Dejaremos que los carbones prendan y cuando ya estén al rojo, esperaremos unos minutos para que todo humee tranquilamente.

Tras unos minutos, teniendo cuidado de no quemarnos, llevaremos el recipiente de barro a diferentes habitaciones para purificarlas con el aroma de las hierbas quemadas. Si vemos que la intensidad del humo decrece, tiraremos sobre la brasa una pizca de cada uno de los elementos mencionados.

No estaría de más que, al tiempo que fumigamos la casa, seamos conscientes del proceso que estamos llevando a cabo y pensemos en que con dicha acción estamos eliminando la negatividad.

I/MANTADOR DE BUENAS VIBRACIONES

Si mantener la casa limpia es importante, no digamos ya el hecho de poder atrapar las buenas vibraciones y la armonía.

El preparado sobre el que trabajaremos a continuación tiene el objetivo de dar paz y serenidad a quien lo use, pero también de calmar estados de nervios y de negatividad.

Para poder realizar este imantador, debemos contar con una pequeña bolsa de tela de un color que nos resulte agradable. Paralelamente nos proveeremos de canela en rama, menta fresca, pimienta blanca y negra, así como de un poco de comino. Necesitaremos también un vaso de aguardiente.

Comenzaremos, como ya es habitual, por concentrarnos. Para ello, respiraremos serenamente pensando en la acción que vamos a realizar: preparar un imantador de la armonía. Cuando hayamos alcanzado el nivel óptimo de paz interior, procederemos a introducir todos los ingredientes en una olla de barro. Removeremos bien todo el contenido y situaremos las palmas de las manos encima del recipiente, al tiempo que pensamos en positivo.

Tras el proceso anterior, dejaremos el cuenco al aire libre al menos durante tres noches. Al cuarto día extraeremos con la ayuda de una cuchara todos sus ingredientes y los depositaremos sobre un paño limpio para que les dé el sol y los seque.

Cuando tengamos todos los ingredientes secos, los guardaremos en la bolsita escogida para proceder de nuevo a entrar en concentración. Cuando estemos suficientemente relajados, meditaremos sobre la acción realizada al tiempo que sostenemos durante unos cinco minutos la bolsita entre nuestras manos para que se cargue de nuestras energías.

Esta bolsa imantadora de buenas vibraciones puede acompañarnos siempre que lo consideremos necesario. Podemos llevarla en un bolsillo, en la guantera del coche, etc. Algunas personas recurren a bolsas como éstas para alcanzar serenidad durante el sueño; para ello, guardan la bolsa bajo la almohada.

LOS OBJETOS MÁGICOS

QUE NO DEBEN FALTAR EN NINGUNA CASA

Que la magia está presente en todas partes es un hecho innegable; ahora bien, por poco esfuerzo y a veces con menos dinero, hay algunos elementos que toda casa debería tener y cuya preparación mágica no será en absoluto compleja. Como veremos, algunos son símbolos tradicionales de buena suerte y otros son comunes pero con «toque» especial.

Un felpudo mágico

Hemos tenido ya la oportunidad de comentar la importancia que puede tener una alfombra para regular las energías, pero en el caso que nos ocupa, intentaremos que nos ayude para dejarlas fuera.

Los felpudos que en mayor o menor medida todos tenemos en la puerta de entrada de la casa, tienen la misión de eliminar restos de suciedad del exterior, impidiendo así que pasen a la casa. Con la acción de frotar los pies, lo que hacemos es manifestar que dejamos fuera aquello que no deseamos que forme parte de la cotidianidad. Pues bien, esta misma intención puede lograrse trabajando con un felpudo mágico.

De entrada, no necesitamos ningún tipo de alfombrilla especial; bastará con emplear la que ya tenemos en la casa, efectuándole algunas modificaciones. Para empezar, debemos dibujar en la parte trasera de la alfombra un símbolo que nos transmita algo. Puede ser la cruz cristiana, el trískel celta, la estrella de seis puntas judía o cualquier otro símbolo o anagrama que consideramos que nos puede dar protección y ayuda. Como es de imaginar, el trazo de los dibujos debe hacerse en armonía y paz, en un estado de relajación adecuado.

Una vez que tengamos el dibujo, procederemos a poner la alfombra en el suelo y rodearla con un círculo de sal marina. Hecho lo anterior, colocaremos alrededor de la alfombra cuatro velas blancas de forma que cada una de ellas coincida con un punto cardinal. Prenderemos las velas con cerilla de madera y de nuevo entraremos en relajación.

Cuando ya estemos relajados, invocaremos a las entidades de las que seamos partidarios para pedirles protección. Además, mentalmente o si lo deseamos de forma verbal, pronunciaremos: «esta es la alfombra que ahora he protegido y magnetizado para que me ayude a dejar fuera de mi vida aquellas vibraciones que son nefastas para esta casa en la que pretendo que siempre haya armonía y paz».

Tras la invocación, dejaremos que las velas se consuman hasta el final y después retiraremos la sal y podremos colocar la alfombra en su lugar de destino. De este modo, estará ya dispuesta para su uso.

Debemos usar la alfombra con normalidad, con la única salvedad de que cada vez que hayamos tenido problemas en el exterior de nuestro hogar y deseemos dejarlos fuera, respiraremos un par de veces profundamente, visualizaremos los problemas y frotaremos tres veces cada pie al tiempo que decimos «con esta acción dejo fuera todo el mal».

El muérdago fue el elemento más mágico de los druidas. Ellos empleaban el muérdago para casi todo, ya que, al nacer en los robles, creían que era una presencia o manifestación de Dios. El muérdago era cortado en ceremonia con una hoz de oro y seguidamente se realizaba un gran festejo.

En la cultura europea es tradición regalar porciones de muérdago en Navidad. Este símbolo representa que se desea buena suerte, armonía y éxito para la casa en la que se hacen regalos. Ahora bien, nos hagan los regalos o no, podemos recurrir, ya entrados en otoño, a este elemento para que nos ayude a conseguir regular las energías del hogar y nos proteja contra el mal de ojo.

La forma de proceder es muy simple; se trata de tomar un poco de muérdago, atarlo y sostenerlo en las manos por espacio de unos minutos al tiempo que se reflexiona internamente sobre los deseos de hallar paz y armonía.

Tras la petición anterior, procederemos a colgar el ramillete de muérdago boca abajo detrás de la puerta de entrada de nuestra casa. Al colgarlo, diremos en voz alta: *«Deposito este elemento mágico para que ayude y proteja a la fluidez de la energía en mi hogar»*

Es conveniente que al menos una vez cada año renovemos el muérdago. Cuando lo hagamos, enterraremos el muérdago viejo ya seco y gastado en un lugar ajardinado o bien en plena naturaleza.

Plato de porcelana «salada»

Los platos de porcelana son uno de esos elementos naturales que nos puede ayudar a mantener el ambiente limpio de efluvios negativos, mucho más si se han preparado convenientemente. En toda casa debiera existir un plato energético como el que describiremos seguidamente.

Para empezar, debemos disponer de un plato que sea de auténtica porcelana y sin incrustaciones. Si se trata de un plato decorativo que incluya algún grabado en él, nos aseguraremos de que la inscripción, pintura o detalle ha sido realizado con materiales naturales y no con productos químicos.

Tomaremos el plato y en su parte trasera pegaremos una cartulina en la que incluiremos los nombres de las personas que habitan en la casa. Sobre esta cartulina pegaremos una varilla de cobre con la que haremos una espiral.

Colocaremos el plato en aquella zona de la casa que precisemos una mejora de la energía o una revitalización de la que ya existe. Para ello debemos colocar sobre el plato un puñadito de sal marina al que le añadiremos unos clavos, preferentemente oxidados, y el zumo de un limón.

Este plato debe estar siempre en la misma habitación, pero en los casos de gran perturbación podemos colocarlo debajo de la cama de manera que proteja nuestros sueños y nuestro descanso.

Las mágicas herraduras

A la herradura se le otorga el poder de dar suerte y positividad a quien la posee. Tiene la virtud de proteger el entorno, la casa, la pareja, los hijos, etc. En el caso que nos ocupa nos centraremos en la herradura como ahuyentadora y protectora contra la negatividad.

Según marca la tradición mágica, la persona que encuentra una herradura en el camino debe sostenerla con las dos manos por espacio de unos segundos y pedir un deseo en voz alta y después, con la mano derecha, tirarla hacia atrás por encima del hombro izquierdo para lograr el cumplimiento de la petición. Afortunadamente, en la actualidad no tenemos que esperar encontrar una herradura en nuestro camino, puesto que las podemos encontrar en tiendas especializadas, aunque lo mejor para la casa es que la herradura haya sido usada.

Antes de colgar la herradura en la pared del recibidor o del salón de la casa, debemos magnetizarla. Para ello, será necesario que la sostengamos entre las manos mientras alcanzamos un estado de relajación.

Cuando consideremos que estamos relajados, le pediremos con fuerza a la herradura que nos ayude a librar nuestra casa de todo mal. Después le pediremos protección y energía positiva para las personas que viven en nuestra misma morada. Este acto de petición debemos hacerlo durante siete días seguidos y, a ser posible, a la misma hora. Pasado este tiempo, podremos colgar la herradura al revés en la pared que creamos conveniente.

Una forma de magnetizar perpetuamente la herradura y de lograr su ayuda será tocándola cada día al entrar o salir del domicilio, al tiempo que le agradecemos su labor y le pedimos nuevamente energía positiva.

Preparando un altar personalizado

Por definición, un altar es aquella construcción elevada sobre la que se realizan ritos religiosos, sacrificios u ofrendas. En definitiva, es un lugar que asume las características de sagrado y que en otros tiempos tuvieron las casas o una parte de ellas. Un altar es otro de los «objetos» o agrupación de ellos que no debiera faltar jamás en una casa.

La construcción de un altar es relativamente fácil, ya que no es necesario dedicar una habitación para ello; bastará con un reducido espacio en nuestra casa en el que plasmar una parte de nuestra energía y realizar ciertas peticiones.

Como el lector comprenderá, un altar es tan personal, privado y único que no podemos dar indicaciones oportunas sobre su construcción, si bien destacaremos los puntos más importantes que debería poseer:

- Una superficie alargada, limpia y ubicada en un lugar que nos dé cierta privacidad. Sobre esta superficie podemos colocar una tela, paño o simplemente nada.
- La superficie alargada sobre la que asentaremos el altar puede ser de madera, mármol, piedra, etc.
- Un lugar sobre la superficie anterior en el que podamos colocar nuestros objetos de culto o mágicos, joyas, objetos decorativos, estampas o signos en los que tengamos cierta devoción.
- Otro lugar en el que realizar las ofrendas energéticas, en el que colocar aquello que puntualmente nos dará más fuerza para una petición, como puede ser la fotografía de un ser querido, un talismán, un fruto, etc.
- Un último lugar en el que el que depositar las peticiones que pueden manifestarse en papel, cartulina o simplemente con cualquier otro objeto que consideremos importante.

Insistimos en que el altar es un espacio de culto, no un mero objeto decorativo. Es una superficie a la que el usuario recurrirá para congratularse con sus entidades, para compartir con ellas sus fracasos, para canalizar su energía o para solicitar una ayuda sobre un tema en concreto.

LA INFLUENCIA DE LOS AROMAS

De la misma forma en que los aromas están latentes en una casa perturbada y con su presencia ayudan a que las cosas todavía puedan ir a peor, el perfume puede ayudarnos también a mitigar determinados problemas, a crear un buen ambiente y a mejorar la fluidez de la energía.

Los aromas para que un hogar sea armónico pueden aplicarse de numerosas formas, ya sea mediante el incienso, a través de las esencias naturales, con un ambientador o desde la vertiente de la fumigación por combustión. Destacaremos seguidamente algunos de los perfumes que pueden ser más benéficos para nuestro hogar:

- Aroma de lilas: debemos utilizarlo siempre que deseemos pacificar una estancia en la que se haya producido una discusión o altercado.
- Aroma de limón: será ideal en dormitorios y lugares de reposo, ya que calmará el espíritu y limpiará la mente.
- Aroma de menta mezclado con canela: tiene la propiedad de purificar las estancias y reconducir las energías.
- Mezcla de pino con madreselva y ruda: será de gran ayuda cuando tengamos visitas del exterior, ya que limpiarán sus campos energéticos y las vibraciones que aporten.
- Aroma de coco: ideal para aquellos lugares en los que debemos reflexionar o pensar con paz y armonía.
- Mezcla de pachulí con mirra: perfecto para lograr la estabilidad emocional y potenciar la positividad.

LAS AYUDAS DEL REINO MINERAL

Las piedras, gemas y cuarzos tienen la propiedad de canalizar la energía y ayudarnos a conseguir equilibrios emocionales. Son de gran ayuda en el hogar para diseminar las impurezas y para alcanzar estados de paz. Destacamos seguidamente algunos de los más recomendables:

- Cuarzos blancos: deberían estar repartidos de forma estratégica por toda la casa. Si son puntas de cuarzo procuraremos que su orientación sea en vertical.
- Geoda de amatista: perfectas para regular el fluido energético durante el sueño.
- Malaquita: ideales para purificar los residuos energéticos de armarios y cajones.
- Cuarzos rosas: serán de gran ayuda bajo sillones, sofás y aquellos lugares en los que podamos sentarnos a descansar o a reflexionar.
- Lapislázuli: desbloquea los chakras y permite el fluido libre de los sentimientos y emociones.
- Turmalina: concede serenidad, paz de espíritu y ayuda en la crítica constructiva.
- Amazonita: es ideal para repeler la negatividad. Además, es de gran ayuda para eliminar estados de ansiedad y negatividad.
- Ágata fuego: ideal para meditar y para alcanzar estados de placidez, tanto física como emocional.

BIBLIOGRAFÍA

Andrews, Ted, *La danza y las energías*, Martínez Roca, 1994.

Grof, Stanislav, *La mente holotrópica*, Kairós, 1993.

Huxley, A. Bucke y R. Maslow, *La experiencia mística*, Kairós, 1992.

Magali, Adriana, *Aromas mágicos*, Robinbook, 2000.

Michael, R. y J. Harper, *Aprenda a usar y dirigir la energía*, Sirio, 1989.

Palao Pons, P., *Cómo contactar con el más allá*, Robinbook, 2000.

Palao Pons P., *Ruedas mágicas, círculos de energía*, Karma 7, 2000.

Poveda, José M., *Locura y creatividad*, Alhambra, 1981.

Prieu, Jean, *El libro occidental de los muertos*, Edaf, 1992.

Rogo, Scott, *La existencia después de la muerte*, Apóstrofe, 1991.

Ruskin, Genevieve, *La ciencia mágica de las vibraciones*, Obelisco, 1994.

Woolger, J. R., *Otras vidas, otras entidades*, Martínez Roca, 1991.

Canela –
Selina –
Laura –

ÍNDICE

CV, 650-743   2 pg $ 59-99

Juego de 17 piesas.

C.U) 389-505

$22.99 dos pagos.

499-239

2 pg. 349-99

Conputadara taptop.

1 GB de memoria

1-800-909-4519.

LAURA Santos.